Lassy Mbouity

Histoire de la République de Guinée

~ 2 ~

Lassy Mbouity, né le 15 octobre 1988 à Brazzaville, est un écrivain et homme politique congolais. Il est actuellement un organisateur de communauté en Afrique, en Europe et aux États-Unis.

Du même auteur

Histoire de la République du Congo

Histoire de la République démocratique du Congo

Histoire de la République centrafricaine

Histoire de la République gabonaise

Autonomisation politique de la jeunesse africaine

La lutte contre la corruption et les conflits d'intérêts

Révolution de l'éducation africaine

L'Afrique après l'Asie

~ 4 ~

Table des Matières

Introduction

Contexte Historique

Le Commerce transatlantique

Les effets négatifs de l'esclavage

L'Imamat du Fouta Djalon

Origine

Organisation

Dominance

Déclin

Géographie

Population

L'économie rurale

L'Agriculture dans le Fouta Djalon

Urbanisation

Les Yalunka ou Jalonkés

Économie

Culture

Les Soussous

Culture

Langue

Économie

Mode de vie

Religion et croyances traditionnelles

Population

Les Peuls

Distribution géographique

Culture

Langue

Le Code Moral ou Poulakou

Les Vêtements

Musique

Alimentation

L'habitat

Les Origines

Premier djihad Peul en 1673

Deuxième djihad lancé dans le Fouta Toro en 1725

Règlements et l'Islam

Domination en Afrique de l'Ouest

L'Empire Wassoulou ou Mandingue

Organisation de l'armée

L'Expansion

Les Guerres Mandingues

Le Peuple Mandingue

Économie

Culture

Passage à l'âge adulte

Le Mariage

La Religion

La Kora

Samori Touré, le Malinké

Enfance et Jeunesse

Carrière

Premières batailles avec les Français

Guerre et défaite

Bataille de Kansala

Contexte

Les forces Kaabu

Les forces du Fouta Djalon

La Bataille

Après la bataille

Bataille de Porédaka

Contexte

La Bataille

Après la guerre

Almami

Les célèbres Almami

Nom propre

Karamoko Alfa

Le Djihad de Alfa Ba, le père de Karamoko

Politique

Bokar Biro ou Boubacar Biro

Almami du Fouta Djalon

Intervention française

Contexte Politique

La période coloniale

Afrique Occidentale Française (AOF)

Les modifications territoriales

Structure fédérale

Administration Coloniale

Gouverneurs généraux

Conseil de l'Afrique Occidentale Française

Administration Locale

Les cercles

Les chefs

Géographie

Les territoires

La décolonisation et l'indépendance

Parti démocratique de Guinée (PDG)

Le Coup d'Etat militaire de 1984

Lansana Conté et le Comité Militaire de Redressement National (CMRN)

Moussa Dadis Camara et le Conseil national pour la démocratie et le Développement, (CNDD)

Manifestations Politiques du 28 septembre 2009

Tentative d'assassinat sur Moussa Dadis Camara

Les élections présidentielles de 2010

Les violences

Les Résultats

Alpha Condé et le Rassemblement du Peuple Guinéen (RPG)

Tentative d'assassinat

Les élections présidentielles de 2015

Les résultats

Les relations étrangères de la Guinée

Les Forces armées de la Guinée

La Milice

Les conflits régionaux

Géographie de la Guinée

Localisation

Climat

Les cours d'eau

La forêt mosaïque

La flore et la faune

Forêt guinéenne de l'Ouest africain

La forêt Haute-guinéenne

La forêt Basse-guinéenne

Les menaces et conservation

Les Montagnes

Les mangroves guinéennes

Ressources naturelles et environnement

Subdivision de la Guinée

Régions de la Guinée

Préfectures de la Guinée

Économie de la Guinée

Origines

Secteurs économiques

L'exploitation minière

L'exploitation pétrolière

L'Agriculture en Guinée

Café

Les sources énergétiques de la Guinée

La production d'énergie électrique

La consommation d'énergie

Télécommunications en Guinée

Statistiques économiques

Banque centrale de la République de Guinée

Le franc guinéen

Transport en Guinée

Démographie de la Guinée

Les groupes ethniques

Urbanisation et exode rural

Langues

Religion

L'éducation en Guinée

Santé

L'épidémie du virus Ebola de 2013

VIH / SIDA en Guinée

La Malnutrition

Le Paludisme

Patrimoine culturel

Le Mont Nimba

Cuisine guinéenne

Musique de Guinée

~ 15 ~

Introduction

La République de Guinée est un pays sur la côte ouest de l'Afrique. Anciennement connu sous le nom de Guinée française, le pays moderne est parfois désigné comme la Guinée-Conakry afin de le distinguer des autres pays de la région comme la Guinée-Bissau et la Guinée équatoriale.

La Guinée a une population de 12 millions d'habitants en 2016 et une superficie de 245,860 kilomètres carrés.

La Guinée est une République. Le président est élu directement par le peuple et est le chef d'Etat et du gouvernement.

L'Assemblée Nationale monocamérale guinéenne est l'organe législatif du pays et ses membres sont aussi directement élu par le peuple. Le pouvoir judiciaire est dirigé par la Cour suprême en Guinée.

La Guinée est un pays à prédominance islamique, avec les musulmans qui représentent 85% de la population. Les peuples de Guinée appartiennent à vingt-quatre groupes ethniques.

Le Français, la langue officielle de la Guinée, est la principale langue de communication dans les écoles, l'administration publique et les médias mais plus de vingt-quatre langues nationales sont également parlées.

L'économie de la Guinée est largement tributaire de l'agriculture et de la production des minéraux.

Le pays est le deuxième producteur mondial de bauxite et regorge également de riches gisements de diamants et d'or.

Les droits de l'homme en Guinée demeurent une question controversée à cause de la torture des forces de sécurité et de l'abus des femmes et des enfants (par exemple les mutilations génitales féminines sont persistantes).

Le pays est nommé d'après la région de Guinée. La Guinée est le nom traditionnel de la région de l'Afrique qui se trouve le long du Golfe de Guinée.

Il s'étend du nord à travers les régions tropicales boisées et se termine au Sahel.

Le terme Guinée vient directement du mot portugais Guine, qui a émergé au milieu du 15e siècle pour désigner les terres habitées par les Guineus, un terme générique pour les peuples noirs africains en dessous du fleuve Sénégal, par opposition des Berbères au Nord.

La terre qui est maintenant Guinée appartenait à une série d'empires africains jusqu'à la colonisation française de 1890.

La Guinée a déclaré son indépendance de la France le 2 Octobre 1958. Depuis l'indépendance jusqu'à l'élection présidentielle de 2015, la Guinée a été régie par un certain nombre de dirigeants autocratiques.

Ce qui est maintenant Guinée était en marge des grands empires de l'Afrique de l'Ouest. L'Empire du Ghana est considéré comme le premier de ceux-ci qui a grandi sur le commerce mais finalement tombé en raison de l'influence hostile des Almoravides (dynastie berbère sanhajienne).

C'est à cette époque que l'Islam est arrivé dans la région.

Le royaume de Sosso (12e au 13e siècle) a brièvement prospéré dans le vide et l'Empire islamique Mandingue est venu à la proéminence quand Soundiata Keïta a vaincu le roi Sosso, Soumangourou Kanté à la bataille historique de Kirina en 1235.

L'Empire du Mali a été gouvernée par le Mansa (Empereur), le plus grand étant Kankou Moussa, qui a fait un pèlerinage célèbre à La Mecque en 1324.

Peu après son règne, l'Empire du Mali a commencé à se décliner et a finalement été supplanté par ses Etats vassaux pendant le 15e siècle.

Le plus grand succès de ces derniers était l'Empire Songhaï, qui en élargissant sa puissance en 1460, a finalement dépassé l'Empire du Mali à la fois par le territoire et la richesse et a continué à prospérer jusqu'à une guerre civile sur la succession qui a suivi la mort de Askia Daouda en 1582.

L'empire affaibli est tombé aux envahisseurs du Maroc à la bataille de Tondibi mais les marocains étaient incapables de gouverner le royaume efficacement.

Après la chute des grands empires de l'Afrique de l'Ouest, divers royaumes ont existé dans ce qui est maintenant la Guinée. Les Fulani musulmans ont émigré vers le Futa Jallon en Guinée centrale et créé un Etat islamique (1735-1898) avec une constitution écrite et des dirigeants suppléants.

L'empire Wassoulou ou empire mandingue (1878-1898) était de courte durée, dirigé par Samori Touré dans une zone essentiellement Malinké de ce qui est maintenant la Guinée supérieure et le sud-ouest du Mali.

Le commerce des esclaves est venu à la région côtière de la Guinée avec les commerçants européens au 16e siècle.

L'esclavage avait toujours fait partie de la vie quotidienne et beaucoup d'esclaves ont été exportés pour aller travailler ailleurs dans le commerce triangulaire.

La période coloniale de la Guinée a commencé avec une pénétration militaire française dans la région au milieu du 19e siècle. La domination française a été assurée par la défaite en 1898 des armées de Samori Touré, le Mansa (ou empereur) de l'état Wassoulou, ce qui donne à la France le contrôle de ce qui est aujourd'hui la Guinée et les zones adjacentes.

La France a négocié les limites actuelles de la Guinée à la fin du 19e et au début du 20e siècle avec les Britanniques pour la Sierra Leone. Les Portugais avaient leur colonie dans ce qui est maintenant la Guinée-Bissau.

Sous les français, le pays a formé le territoire de la Guinée au sein de l'Afrique Occidentale

Française (AOF), administrée par un gouverneur général résident à Dakar. Les lieutenant-gouverneurs ont administré les colonies individuelles, dont la Guinée.

En 1958, la Quatrième République française est effondrée en raison de l'instabilité politique et des échecs dans le traitement de ses colonies, en particulier l'Indochine et l'Algérie.

La fondation d'une Cinquième République a été soutenue par le peuple français, alors que le président français Charles de Gaulle a précisé le 8 Août 1958, que les colonies de la France avaient le choix difficile entre une plus grande autonomie dans une nouvelle Communauté française ou l'indépendance immédiate au référendum du 28 septembre 1958.

Les autres colonies ont choisi une plus grande autonomie dans une nouvelle Communauté française, mais la Guinée sous la direction d'Ahmed Sékou Touré dont le Parti démocratique de Guinée (PDG) avait remporté 56 des 60 sièges aux élections territoriales de 1957, avait voté massivement pour l'indépendance.

Les Français se retire rapidement et le 2 octobre 1958, la Guinée se proclame une République souveraine et indépendante, avec Sékou Touré comme Président.

Après le retrait de la France, la Guinée s'était aligné rapidement avec l'Union Soviétique (URSS) et avait adopté une politique socialiste.

Cette alliance avait été de courte durée avant de choisir le modèle du socialisme chinois.

Malgré cela, le pays a continué à recevoir de l'aide et de l'investissement des pays capitalistes comme les États-Unis. Même la relation avec la France s'était améliorée après l'élection de Valéry Giscard d'Estaing comme président français, le commerce avait augmenté et les deux pays ont échangé des visites diplomatiques.

En 1960, Touré avait déclaré le PDG comme le seul parti légal. Pour les 24 prochaines années, le gouvernement et le PDG ont été une seule famille. Touré a été réélu sans opposition à quatre mandats de sept ans en tant que président et tous les cinq ans les électeurs ont été présentés avec une liste unique de candidats PDG pour l'Assemblée nationale.

Prônant un socialisme africain hybride et le panafricanisme à l'étranger, Touré est rapidement devenu un chef de file des emprisonnements politiques.

Dans le même temps, le gouvernement guinéen a nationalisé les terres, enlevé les chefs français et nommé des traditionnels, et a rompu ses relations avec le gouvernement français et les sociétés françaises.

Oscillant entre le soutien à l'Union soviétique (à la fin des années 1970) et des États-Unis, la situation économique de la Guinée est devenue aussi imprévisible que sa ligne diplomatique.

Alléguant des complots et des conspirations contre lui à la maison et à l'étranger, le régime de Touré a ciblé des adversaires réels et imaginaires et entraîner des milliers d'opposants politiques en exil.

En 1970, les forces voisines de la Guinée portugaise ont organisé un raid en Guinée avec le soutien des forces de l'opposition guinéenne en exil. Entre autres objectifs, l'armée portugaise voulait tuer ou capturer Sékou Touré en raison de son soutien au Parti africain pour l'indépendance de la Guinée et du Cap-Vert (PAIGC) d'Amílcar Cabral, un mouvement de guérilla opérant à l'intérieur de la Guinée portugaise.

Après plusieurs jours de combats acharnés, les forces portugaises ont reculé après avoir atteint la plupart de leurs objectifs. Le régime de Sékou Touré a augmenté le nombre d'arrestations et d'exécutions internes.

Sékou Touré est décédé le 26 mars 1984, après une opération cardiaque aux États-Unis, et a été remplacé par le premier ministre Louis Lansana Béavogui, qui devait servir de président par intérim en attendant de nouvelles élections.

Le PDG devait élire un nouveau chef le 3 avril 1984. En vertu de la constitution, cette personne aurait été le seul candidat à la présidence.

Cependant, quelques heures avant cette réunion, les colonels Lansana Conté et Diarra Traoré ont pris le pouvoir pendant un coup d'Etat sans effusion de sang.

Conté a assumé le rôle de président, avec Traoré comme premier ministre jusqu'en décembre.

Conté a immédiatement dénoncé les dossiers de l'ancien régime sur les droits de l'homme, libéré 250 prisonniers politiques et a encouragé environ 200.000 personnes en exil de revenir au pays.

Il a également rendu explicite le socialisme, mais cela n'a guère contribué à réduire la pauvreté et le pays n'a montré aucun signe immédiat de mouvement vers la démocratie.

En 1992, Conté a annoncé un retour à un régime civil, avec une élection présidentielle en 1993, suivi par des élections au parlement en 1995 et dans lequel son parti le Parti de l'unité et du progrès a remporté 71 des 114 sièges.

En dépit de son engagement déclaré à la démocratie, l'emprise sur le pouvoir Conté est restée serré. En septembre 2001, le chef de l'opposition Alpha Condé a été emprisonné pour atteinte à la sûreté de l'Etat mais il a été gracié 8 mois plus tard. Il a ensuite passé une période d'exil en France.

En 2001, Conté a organisé et remporté un référendum pour prolonger le mandat présidentiel et en 2003, a commencé son troisième mandat après des élections qui ont été boycottées par l'opposition.

En Janvier 2005, Conté a survécu à une tentative d'assassinat présumé tout en faisant une rare apparition publique dans la capitale Conakry.

Ses adversaires ont prétendu qu'il était un dictateur fatigué dont le départ était inévitable, alors que ses partisans croyaient qu'il était en train de gagner une bataille avec les dissidents.

La Guinée est toujours confrontée à des problèmes très réels et selon la politique étrangère est en danger de devenir un État défaillant.

En 2000, la Guinée est devenue impliqué dans l'instabilité qui avait longtemps flétri le reste de l'Afrique de l'Ouest. Avec l'influence de l'instabilité politique au Libéria et en Sierra Leone, il semblait pendant un certain temps que le pays se dirigeait vers une guerre civile.

Conté a blâmé les dirigeants voisins pour convoiter les ressources naturelles de la Guinée.

En 2003, la Guinée a accepté de signer des accords avec ses voisins pour lutter contre les insurgés.

En 2007, il y avait de grandes manifestations contre le gouvernement, ce qui a entraîné la nomination d'un nouveau Premier ministre.

Conté est resté au pouvoir jusqu'à sa mort le 23 décembre 2008 et plusieurs heures après sa mort, Moussa Dadis Camara a pris le contrôle du pays lors d'un coup de force, se déclarant Président.

Les protestations contre le coup d'Etat sont devenus violents et 157 personnes ont été tuées le 28 septembre 2009 au stade de Conakry.

La junte a ordonné à ses soldats d'attaquer les militants des partis d'oppositions qui s'étaient rassemblés pour protester contre le pouvoir de Dadis Camara ; ce qui a poussé de nombreux gouvernements étrangers à retirer leur soutien au nouveau régime.

Le 3 décembre 2009, le lieutenant Aboubacar Sidiki Diakité alias « Toumba », le chef de la sécurité présidentielle, a tiré sur le Président Dadis Camara lors d'un conflit sur le massacre du 28 septembre.

Camara est allé au Maroc pour des soins médicaux. Le Vice-Président et Ministre de la Défense, le Général Sékouba Konaté, a quitté le Liban pour revenir diriger le pays en l'absence de Dadis Camara.

Le 12 janvier 2010, Camara a été transporté du Maroc au Burkina Faso. Après avoir rencontré à Ouagadougou les 13 et 14 janvier le Président du Burkina Faso Blaise Compaoré, Camara et Konaté ont fait une déclaration formelle de douze principes promettant un retour de la Guinée vers un régime civil dans les six mois.

Il a été convenu que les militaires ne participeront pas aux prochaines élections et que Camara continuera à rester en dehors de la Guinée.

Le 21 janvier 2010, la junte militaire a nommé Jean-Marie Doré comme Premier Ministre d'un gouvernement de transition.

L'élection présidentielle a eu lieu le 27 Juin et a été la première élection libre et équitable depuis l'indépendance en 1958.

L'Ex-Premier Ministre, Cellou Dalein Diallo et son rival Alpha Condé ont émergé comme les deux finalistes pour le second tour.

Cependant, en raison d'allégations de fraude électorale, le second tour de l'élection a été reportée jusqu'au 19 septembre 2010.

Le 22 septembre 2010, le second tour a été retardé à nouveau jusqu'au 10 octobre. Un autre délai, jusqu'au 24 octobre a été annoncé. Les élections ont finalement eu lieu le 7 novembre.

Le taux de participation était élevé avec des élections calmes.

Le 16 novembre 2010, Alpha Condé, le chef du Rassemblement du Peuple de Guinée (RGP), a été officiellement déclaré vainqueur. Il a promis de réformer le secteur de la sécurité et de revoir les contrats miniers.

Dans la nuit du 18 juillet 2011, la résidence du président Condé a été attaqué lors d'une tentative de coup d'État.

En avril 2012, le président Condé a reporté les élections législatives indéfiniment, invoquant la nécessité de veiller à la transparence démocratique.

La coalition de l'opposition se retire du processus électoral à la mi-février, principalement en raison de l'insistance du président Condé sur l'utilisation d'une société sud-africaine pour dresser la liste des électeurs inscrits.

À la fin de février 2013, la violence politique a éclaté en Guinée après que des manifestants sont descendus dans la rue pour exprimer leurs inquiétudes sur la transparence des élections.

Les manifestations ont été alimentées par la décision de la coalition de l'opposition à démissionner du processus électoral pour protester contre le manque de transparence dans les préparatifs des élections.

Neuf personnes ont été tuées au cours des manifestations, tandis qu'environ 220 personnes ont été blessées et bon nombre de blessures ont été causées par les forces de sécurité à l'aide de balles réelles sur les manifestants.

La violence politique a également conduit à des affrontements inter-ethniques entre les Peuls et les peuples Malinké, cette dernière formant la base de soutien pour le président Condé.

Le 26 mars 2013, l'opposition a soutenue des négociations avec le gouvernement au cours des prochaines élections.

Le 25 mars 2014, l'Organisation mondiale de la Santé (OMS) a déclaré que le Ministère de la

Santé avait signalé une épidémie du virus Ebola en Guinée.

Cette flambée initiale avait un total de 86 cas, dont 59 décès. Le 28 mai, il y avait 281 cas et 186 décès. On croit que le premier cas était Emile Ouamouno, un garçon de 2 ans qui vivait dans le village de Meliandou. Il est tombé malade le 2 décembre 2013 et est décédé le 6 décembre.

Le 18 septembre 2014, huit membres d'une équipe de lutte contre Ebola ont été assassinés par des villageois dans la ville de Womey.

A partir du 1er novembre 2015, il y a eu 3810 cas et 2536 décès en Guinée.

L'élection présidentielle de 2015 s'est déroulée le 11 octobre 2015. L'opposition conteste toujours le calendrier électoral, qui repousse les élections municipales en 2016.

Une révision des listes électorales est lancée par la Commission électorale nationale indépendante (CENI) à partir du 24 avril 2015 et pour 45 jours.

Les deux rivaux du scrutin, le président sortant Alpha Condé et Cellou Dalein Diallo s'étaient déjà affrontés lors de l'élection présidentielle de 2010, le premier scrutin démocratique dans l'histoire du pays.

Ce dernier avait alors contesté les résultats et la vie politique guinéenne s'était cristallisée autour de l'affrontement entre les deux hommes et des ethnies qui les soutiennent respectivement (les Malinkés pour Condé et les Peuls pour Diallo).

Pendant la campagne de 2015, les autres candidats, aux perspectives de score faibles, ont moins joué sur la différence entre ethnies, se plaçant au centre. Les partisans de Diallo ont accusé le président Condé d'organiser des fraudes, en témoigne le retard pris des réformes de transparence demandées par plusieurs ONG.

Ce dernier, lui, a pris de la hauteur sur la campagne, mis en avant l'ouverture du barrage de Kaléta devant mettre fin aux coupures d'électricité et fait passer les problèmes de son mandat sur la crise liée au virus Ebola.

Pendant la campagne électorale, des heurts ont eu lieu entre les deux camps, faisant deux morts et une quinzaine de blessés sur le grand marché de Madina.

Alpha Condé remporte dès le premier tour le scrutin, selon les premiers résultats proclamés, déjà contestés par l'opposition qui dénonce des fraudes et envisage de manifester.

La Guinée est membre de nombreuses organisations internationales, y compris l'Union Africaine (UA), l'Organisation internationale de la francophonie (OIF), la Communauté économique des Etats d'Afrique de l'Ouest (CEDEAO) et l'Organisation des Nations Unies (ONU).

Le Président Alpha Condé tire le soutien du deuxième plus grand groupe ethnique de la Guinée, les Malinkés. L'opposition de Guinée est soutenue par le groupe ethnique peul, qui représentent environ 40% de la population.

Le Président de la Guinée est normalement élu par un vote populaire pour un mandat de cinq ans; le candidat doit obtenir la majorité des suffrages exprimés pour être élu Président.

Le président gouverne la Guinée, assisté d'un conseil de 25 Ministres civils nommés par lui.

Le gouvernement gère le pays à travers huit régions, 33 préfectures, plus de 100 sous-préfectures, et de nombreux districts. Les leaders des districts sont élus; le président nomme des fonctionnaires à tous les autres niveaux de l'administration très centralisée.

L'Assemblée nationale de la Guinée, le corps législatif du pays, a été dissous après le coup d'Etat militaire de décembre 2008.

Les relations extérieures de la Guinée, y compris ceux avec ses voisins ouest-africains, se sont améliorés de façon constante depuis 1985.

Les Forces Armées de la Guinée (FAG) sont divisés en cinq branches : l'armée de terre, la marine, l'armée de l'air, les paramilitaires de la gendarmerie nationale et de la Garde républicaine.

En outre, les forces de sécurité du pays comprennent la Force Nationale de Police (Sûreté nationale). La gendarmerie, responsable de la sécurité intérieure, a une force de plusieurs milliers d'hommes.

L'armée de terre, avec environ 15 000 personnes, est de loin la plus grande branche des forces armées. Il est principalement responsable de la protection des frontières de l'Etat, la sécurité des territoires administrés et de défendre les intérêts nationaux de la Guinée.

La Guinée partage ses frontières au Nord avec la Guinée-Bissau, le Sénégal, le Mali et au Sud avec la Sierra Leone, le Liberia et la Côte d'Ivoire.

La nation forme un croissant en courbes de sa frontière occidentale sur l'océan Atlantique vers l'est et le sud. Les sources du fleuve Niger, du fleuve Gambie et du fleuve Sénégal se trouvent tous dans les Highlands de Guinée.

La Guinée possède 320 km de côtes et une frontière terrestre totale de 3.400 km.

Ses voisins sont la Côte d'Ivoire, la Guinée-Bissau, le Libéria, le Mali, le Sénégal et la Sierra Leone. Il se trouve principalement entre les latitudes 7 ° et 13 ° N et longitudes 7 ° et 15 ° W.

La Guinée est divisée en quatre régions principales : une zone côtière, la Basse-Guinée, Guinée maritime ou le Kakandé ; une zone montagneuse, la Moyenne-Guinée, qui comprend le massif du Fouta Djalon ; une zone de savane au nord, la Haute-Guinée ; une zone de forêts au sud-est, la Guinée forestière. Ces quatre zones, parfois appelées « régions naturelles », ne correspondent pas aux régions administratives.

Les montagnes de la Guinée sont la source des fleuves du Niger, de la Gambie et du Sénégal, ainsi que les nombreuses rivières qui se jettent à la mer sur la côte ouest de la chaîne en Sierra Leone et en Côte-d'Ivoire.

Le point le plus élevé en Guinée est le mont Nimba à 1.752 mètres. Bien que les parties guinéennes et ivoiriennes du Nimba sont une réserve naturelle intégrale de l'UNESCO, la partie de l'épine dorsale dite guinéenne continue au Libéria, où elle a été exploitée pendant des décennies ; le dommage est tout à fait évident dans la région de Nzérékoré.

La République de Guinée est divisée en huit régions administratives et subdivisé en trente-trois préfectures. Conakry est la capitale de la Guinée, la plus grande ville et le centre économique. Nzérékoré, situé dans la région de Guinée forestière en Guinée du Sud, est la deuxième plus grande ville.

Les autres grandes villes du pays avec une population supérieure à 100 000 habitants comprennent Kankan, Kindia, Labé, Guéckédou, Boké, Mamou et Kissidougou.

La faune de la Guinée est très diversifiée en raison de la grande variété d'habitats différents. La partie sud du pays se trouve dans les forêts guinéennes d'Afrique de l'Ouest, tandis que le nord-est est caractérisé par les savanes boisées sèches.

La Guinée dispose d'abondantes ressources naturelles dont 25% ou plus des réserves connues de bauxite du monde. La Guinée a aussi des diamants, l'or et d'autres métaux. Le pays a un grand potentiel pour l'énergie hydroélectrique.

La Bauxite et l'alumine sont actuellement les seules exportations majeures du pays. Les autres industries comprennent les usines de transformation de bière, des jus, des boissons non alcoolisées et de tabac.

L'agriculture emploie 80% de la population active de la nation. Sous la domination française et au début de l'indépendance, la Guinée était un grand exportateur de bananes, d'ananas, de café, d'arachides et d'huile de palme.

La Guinée a un potentiel considérable pour la croissance dans les secteurs agricoles et la pêche. Le sol, l'eau et les conditions climatiques offrent des possibilités de grande échelle pour l'agriculture irriguée et pour l'industrie agroalimentaire.

En outre, la richesse minérale de la Guinée comprend plus de 4 milliards de tonnes de minerai à haute teneur en fer, des gisements de diamants et d'or, et des quantités indéterminées d'uranium.

Les possibilités d'investissement et des activités commerciales existent dans tous ces domaines, mais l'infrastructure peu développée de la Guinée et la corruption endémique continuent de présenter des obstacles aux projets d'investissement à grande échelle.

Les opérations minières de bauxite et d'alumine au nord-ouest fournissent historiquement environ 80% des devises étrangères de la Guinée.

La Bauxite est raffinée en alumine, qui est ensuite fondu en aluminium. La Compagnie des bauxites de Guinée (CBG), qui exporte environ 14 millions de tonnes de bauxite de haute qualité chaque année, est le principal acteur de l'industrie de la bauxite. CBG est une joint-venture, détenue à 49% par le gouvernement guinéen et 51% par un consortium international connu sous le nom Halco Mining Inc., elle-même une entreprise commune contrôlée par le producteur d'aluminium Alcoa (AA), global Rio Tinto Group et Dadco Investments. La CBG possède les droits exclusifs des réserves et des ressources de bauxite en Guinée (nord-ouest) jusqu'en 2038.

La Compagnie des bauxites de Kindia (CBK), une joint-venture entre le gouvernement de la Guinée et RUSAL, produit quelque 2,5 millions de tonnes par an, dont la presque totalité est exportée en Russie et en Europe orientale.

Dian Dian, une entreprise de bauxite guinéenne commune avec l'Ukraine, a un taux de production prévue de 1,102,311 tonnes par an, mais ne devrait pas fonctionner pendant plusieurs années.

L'Alumina Compagnie de Guinée (ACG), qui a repris l'ancien Consortium Friguia, a produit environ 3 millions de tonnes en 2005 comme matière première pour sa raffinerie d'alumine.

Les deux Global Alumina et Alcoa-Alcan ont signé des conventions avec le gouvernement de la Guinée de construire de grandes raffineries d'alumine d'une capacité combinée d'environ 4 millions de tonnes par an.

Les diamants et l'or sont également extraites et exportées sur une grande échelle. La majeure partie des diamants sont extraits artisanalement. La plus grande exploitation minière d'or en Guinée est une joint-venture entre le gouvernement et Ashanti Goldfields du Ghana.

AREDOR, une entreprise diamantifère conjointe entre le Gouvernement guinéen (50%) et un consortium australien, britannique et suisse, a commencé la production en 1984 et les diamants extraits étaient de 90% de qualité gemme.

La production s'est arrêtée de 1993 à 1996, lorsque la première ville minière du Canada a acheté la partie internationale du consortium.

La Société Minière de Dinguiraye (SMD) a également une grande installation d'extraction d'or, près de la frontière malienne.

La Guinée dispose d'importantes réserves de minerai de fer en acier. Rio Tinto était le propriétaire majoritaire du projet de minerai de fer de 6 milliards de dollars (Simandou).

En 2009, le gouvernement de la Guinée a donné la moitié nord de Simandou à Beny Steinmetz pour un investissement de 165 millions de dollars et un engagement à dépenser 1 milliard de dollars pour le chemin de fer.

En septembre 2011, la Guinée a adopté un nouveau code minier. La loi a mis en place une commission pour examiner les offres du gouvernement frappé pendant les jours chaotiques de la dictature du Capitaine Moussa Dadis Camara en 2008.

En 2002, le Fonds Monétaire International (FMI) a suspendu la Guinée parce que le gouvernement n'a pas réussi à répondre aux critères de performance clés.

Cependant, la Banque mondiale avait noté que la Guinée avait atteint ses objectifs de dépenses dans les secteurs sociaux prioritaires ciblés.

Toutefois, les dépenses dans d'autres domaines, principalement la défense, ont contribué à un déficit budgétaire important.

La perte des fonds du FMI a forcé le gouvernement à financer ses dettes par le biais des avances de la Banque Nationale.

La poursuite des politiques économiques peu judicieuses a entraîné des déséquilibres qui se révèlent difficiles à corriger.

Sous alors le Premier Ministre Diallo, le gouvernement a commencé un programme de réforme rigoureuse en décembre 2004 conçu pour rétablir les relations de la Guinée avec le FMI.

Les taux de change ont été autorisés à flotter, le contrôle des prix sur l'essence ont été assouplies, et les dépenses publiques ont été réduites tandis que la collecte de l'impôt a été amélioré.

Ces réformes n'ont pas réduit l'inflation, qui a atteint 27% en 2004 et 30% en 2005. La dépréciation monétaire est également une préoccupation.

Le franc Guinéen est négociée à 2550 dollars en janvier 2005. Il a atteint 5554 dollars en octobre 2006. En août 2016, il a atteint 9089.

Malgré l'ouverture en 2005 d'une nouvelle route reliant la Guinée et le Mali, la plupart des grandes routes restent en mauvais état, ce qui ralentit la livraison des marchandises aux marchés locaux.

L'électricité et les pénuries d'eau sont fréquentes et durables et de nombreuses entreprises sont obligées d'utiliser des générateurs de puissance coûteux et le carburant pour rester ouvert.

Même s'il y a beaucoup de problèmes qui affligent l'économie de la Guinée, tous les investisseurs étrangers ne sont pas réticents à venir en Guinée.

La raffinerie d'alumine de Global Alumina qui a une étiquette de 2 milliards de dollars représente le plus important investissement privé en Afrique sub-saharienne depuis l'oléoduc Tchad-Cameroun. Aussi, Hyperdynamics Corporation, une compagnie pétrolière américaine, a signé un accord en 2006 pour développer des gisements de pétrole au large des côtes de la Guinée, dans une concession de 80.000 kilomètres carrés.

Le 13 octobre 2009, le Ministre des Mines Mahmoud Thiam a annoncé que le China International Fund investira plus de 7 milliards de dollars dans les infrastructures.

En retour, il a déclaré que le pays serait un partenaire stratégique dans tous les projets d'exploitation minière.

En Septembre 2011, Mohamed Lamine Fofana, le Ministre des Mines suite à l'élection de 2010, a déclaré que le gouvernement avait annulé l'accord.

Le chômage des jeunes reste un problème important.

La Guinée a besoin d'une politique adéquate pour répondre aux préoccupations de la jeunesse urbaine. Un problème est la disparité entre leur vie et ce qu'ils voient à la télévision.

Pour les jeunes qui ne peuvent pas trouver un emploi, la puissance économique et la consommation des pays riches ne sert qu'à les frustrer davantage.

La Guinée a signé un accord de partage de production avec Hyperdynamics Corporation de Houston en 2006 pour explorer une grande étendue en mer et a été récemment en partenariat avec Dana Petroleum PLC (Royaume-Uni).

Le puits initial de pétrole, le Sabu-1, avait été programmé pour commencer le forage en octobre 2011 sur un site de près de 700 mètres d'eau.

Le Sabu-1 a ciblé un anticlinal prospect à quatre voies avec les sables du Crétacé supérieur et a été prévu pour être foré à une profondeur totale de 3.600 mètres.

Après l'achèvement du forage d'exploration en 2012, le Sabu-1 n'a pas été jugé commercialement viable.

En novembre 2012, Hyperdynamics a conclu un accord pour la vente de 40% de la concession à

Tullow Oil, ce qui porte les parts de propriété au large de la Guinée à 37% pour Hyperdynamics, 40% pour Tullow Oil et 23% pour Dana Petroleum. Hyperdynamics avait jusqu'en septembre 2016 en vertu de l'accord pour commencer le forage de son prochain site sélectionné.

Le chemin de fer de Conakry à Kankan a cessé ses activités au milieu des années 1980. Les services aériens intérieurs sont intermittentes. La plupart des véhicules en Guinée sont âgés de plus de 20 ans.

Les sections locales, presque entièrement sans véhicules, comptent sur les taxis et de petits bus pour les emmener en ville et dans tout le pays.

Il y a un peu de trafic fluvial sur les fleuves Niger et Milo. Les chevaux et les ânes tirent des charrettes, principalement pour le transport de matériaux de construction.

Rio Tinto Limited prévoit de construire un chemin de fer de 650 km pour transporter le minerai de fer de la mine à la côte, près de Matakong, pour l'exportation.

Une grande partie du minerai de fer Simandou devrait être expédié en Chine pour la production d'acier.

L'aéroport international de Conakry est le plus grand aéroport du pays, avec des vols vers d'autres villes en Afrique, ainsi que vers l'Europe.

En 2014, le taux de fécondité de la Guinée a été estimé à 4,93 enfants par femme.

Les langues nationales de la Guinée sont le Peul, le Maninka (Malinké ou Dioula), le Susu, le Kissi, le Kpelle et le Loma.

La Guinée comprend environ 24 groupes ethniques. Les Mandinka, également connu sous les noms Mandingue et Malinké, comprennent 40% de la population et sont principalement dans l'est concentrée autour de Kankan et Kissidougou.

Les Peuls ou Fulani, comprennent 40% de la population et sont surtout présents dans la région du Futa Djallon.

Les Soussous, comprenant 10% de la population, sont principalement dans les régions occidentales autour de la capitale Conakry, Forécariah et Kindia. Les groupes ethniques plus petits représentent les 10% restants de la population, y compris les Kpelle, les Kissi, les Zialo et d'autres.

Environ 10.000 libanais, français, et d'autres Européens vivent en Guinée.

L'Islam représente environ 90% de la population, et le Christianisme 8%, avec 7% pour les adhérents aux croyances autochtones.

Une grande partie de la population, à la fois musulmane et chrétienne, intègrent également les croyances africaines autochtones dans leurs perspectives.

Les musulmans guinéens sont généralement sunnites et influencée par le soufisme, avec de nombreux Ahmadiyya; il y a relativement peu de shiites en Guinée.

Les groupes chrétiens comprennent le Catholique de Rome et les Protestants des groupes évangéliques.

Les Témoins de Jéhovah sont actifs dans le pays et reconnu par le gouvernement.

Il y avait trois jours de combats ethno-religieux dans la ville de Nzérékoré en Juillet 2013.

Les combats entre les Kpelles, qui sont chrétiens ou animistes et les Koniankés, qui sont musulmans et à proximité du groupe ethnique Malinké, ont fait au moins 54 morts. Les personnes qui ont été tués à coups de machette et brûlés vifs.

La violence a pris fin après que l'armée Guinéenne a imposé un couvre-feu et que le président Condé a fait un appel télévisé au calme.

Le taux d'alphabétisation du pays est l'un des plus bas du monde. En 2010, il a été estimé que seulement 41% des adultes étaient alphabétisés (52% des hommes et 30% des femmes).

L'enseignement primaire est obligatoire, mais la plupart des enfants ne fréquentent pas pendant longtemps et beaucoup ne vont pas à l'école.

En 1999, la fréquentation de l'école primaire était de 40%. Les enfants, en particulier les filles, sont tenus à l'écart de l'école afin d'aider leurs parents au travail domestique ou dans l'agriculture, ou de se marier : La Guinée a l'un des taux de mariage des enfants le plus élevés au monde.

Le taux de mortalité maternelle en 2010 pour 100.000 naissances est de 680. Ceci est comparé à 859,9 en 2008 et 964,7 en 1990.

En Guinée, le nombre de sages-femmes pour 1000 naissances vivantes est de 1 et le risque à vie de décès chez les femmes enceintes est de 1 sur 26.

La Guinée a la deuxième plus forte prévalence des mutilations génitales féminines dans le monde.

Des enquêtes de surveillance menées en 2001 et 2002 montrent des taux plus élevés de VIH dans les zones urbaines que dans les zones rurales.

La prévalence était la plus élevée à Conakry (5%) et dans les villes de la Guinée forestière (7%) en bordure de la Côte d'Ivoire, du Libéria et de la Sierra Leone.

Le VIH se transmet principalement par le biais partenaires multiples rapports hétérosexuels.

Les hommes et les femmes sont à risque à peu près égales pour le VIH, avec des jeunes âgés de 15 à 24 ans pour les plus vulnérables. Les chiffres de surveillance de 2001-2002 montrent des taux élevés chez les travailleurs du sexe (42%), le personnel militaire actif (6,6%), les chauffeurs routiers et les chauffeurs de taxi brousse (7,3%), les mineurs (4,7%) et les adultes atteints de tuberculose (8,6%).

Plusieurs facteurs alimentent l'épidémie de VIH / SIDA en Guinée. Ils comprennent des rapports non protégés, partenaires sexuels multiples, l'analphabétisme, la pauvreté endémique, les frontières instables, la migration des réfugiés, le manque de responsabilité civique et les soins médicaux rares et les services publics.

La malnutrition est un problème sérieux pour la Guinée. Une étude 2012 a rapporté des taux de malnutrition chronique élevés, avec des niveaux allant de 34% à 40% par région, ainsi que les taux de malnutrition aiguë supérieurs à 10% dans les zones minières de la Haute Guinée. L'enquête a montré que 139,200 enfants souffrent de malnutrition aiguë, 609,696 de malnutrition chronique et encore 1,592,892 souffrent d'anémie.

La dégradation des pratiques de soins, l'accès limité aux services médicaux, les pratiques d'hygiène inadéquates et un manque de diversité alimentaire expliquent ces niveaux.

Le paludisme est très répandu et est l'une des principales causes du handicap en Guinée.

La polygamie est interdite par la loi en Guinée.

L'UNICEF rapporte que 53,4% des femmes guinéennes de 15 à 49 ans sont dans des mariages polygames.

Comme d'autres pays d'Afrique de l'Ouest, la Guinée a une riche tradition musicale. Le groupe Bembeya Jazz est devenu populaire dans les années 1960 après l'indépendance de la Guinée.

La cuisine guinéenne varie selon la région avec du riz comme aliment de base le plus courant. Le manioc est aussi largement consommé.

Une partie de la cuisine Guinéenne comprennent le riz jollof et le mafé. Dans les zones rurales, la nourriture est mangée d'un grand plat de service et mangé à la main en dehors de la maison.

Les mutilations génitales féminines en Guinée avait été réalisée sur plus de 90% des femmes à partir en 2009. En Guinée presque toutes les cultures, religions et ethnies pratiquent les mutilations génitales féminines.

Contexte Historique

L'histoire de la région remonte à bien avant la colonisation européenne mais l'État moderne de la Guinée existe depuis 1958.

Ses limites actuelles ont été déterminées au cours de la période coloniale par la Conférence de Berlin (1884-1885) et les Français qui ont régné sur la Guinée jusqu'en 1958.

L'Islam est arrivé dans la région à l'époque de l'Empire du Ghana.

L'empire du Ghana est un ancien royaume africain qui a existé du 3e siècle au 13e siècle de notre ère. Il est le premier des trois grands empires marquant la période impériale ouest-africaine. Désigné par ses habitants sous le nom d'Empire Ouagadou, il se fait connaître en Europe et en Arabie comme l'Empire du Ghana.

Issu du Royaume du Ouagadou, l'empire du Ghana s'est développé au 13e siècle avec l'exportation d'or et du sel, important pour la conservation des aliments.

Il connait son apogée au 10e siècle, et s'étend alors sur un territoire à cheval sur la frontière actuelle entre la Mauritanie et le Mali, comprenant, outre le Ouagadou, les provinces du Tekrour (Sénégal actuel), du Sosso, du Mandé et de Diarra Mana Maga NIakaté et son frère Fanta Makan Niakaté en l'an 650, les régions aurifères du Bouré et du Bambouk et Oualata.

En 990, il annexe Aoudaghost, grande cité berbère, centre névralgique des échanges entre le nord et le sud. L'empire du Ghana décline à partir du 11e siècle, passant successivement sous domination des Almoravides, puis sous la tutelle de Sosso, enfin sous celle de l'empire du Mali. Sa capitale était Koumbi-Saleh.

Le Royaume de Sosso (parfois écrit Soso) était, au 12e siècle, un royaume d'Afrique de l'ouest, dans la région de Koulikoro (l'actuel Mali). Après la chute de l'Empire du Ghana, un chef

Sarakolé fonde plus au sud le royaume de Sosso et établit la dynastie des Diarisso qui y règne jusqu'en 1180. À cette date, les Kanté, un clan de forgerons hostiles à l'Islam, vont dominer la région.

Sosso Kemoko unifie le Kaniaga et le Sosso.

Son fils Soumaoro Kanté qui lui succède vers 1200, conquiert les petits royaumes voisins et fait régner la terreur. Vaincu par Sundjata Keïta lors de la bataille de Kirina en 1235, il disparaît dans les montagnes de Koulikoro. Sundjata rase la capitale de Sosso. Le royaume est intégré dans l'empire du Mali.

L'empire du Mali est un État africain médiéval. Fondé au 13e siècle par Soundiata Keita, il connut son apogée au 14e siècle. Il serait à l'origine de la charte du Manden.

Le plus grand royaume de ces derniers était l'Empire Songhaï, est un petit royaume étendu le long du fleuve Niger.

Le commerce des esclaves est venu à la région côtière de la Guinée avec des aventuriers européens au 16e siècle.

Le Commerce transatlantique

La traite atlantique ou le commerce transatlantique des esclaves ont eu lieu à travers l'océan Atlantique du 15e au 19e siècles.

La grande majorité de ceux qui ont été réduits en esclavage et transporté vers le Nouveau Monde, principalement sur la route du commerce triangulaire et son passage du milieu, étaient Africains de l'Ouest à partir des parties centrales et occidentales du continent qui avaient été vendus par d'autres Africains de l'Ouest aux commerçants européens, avec une petite minorité capturée directement par les marchands d'esclaves dans des raids côtiers.

L'Atlantique Sud et le système économique des Caraïbes étaient centrée sur la production de cultures de matières premières, la fabrication de produits et de vêtements à vendre en Europe et sur l'augmentation du nombre d'esclaves africains amenés dans le Nouveau Monde.

Cela était crucial pour les pays d'Europe occidentale qui, à la fin des 17e et 18e siècles, se disputaient les uns avec les autres pour créer des empires d'outre-mer.

Les Portugais furent les premiers à se livrer à la traite des esclaves du Nouveau Monde au 16e siècle. Entre 1418 et les années 1470, les Portugais a lancé une série d'expéditions exploratoires pour tracer de nouveaux territoires.

En 1526, les Portugais ont terminé leur premier voyage transatlantique des esclaves d'Afrique vers les Amériques et d'autres pays ont rapidement suivi.

Les armateurs considéraient les esclaves comme cargaison à transporter vers les Amériques le plus rapidement et à moindre coût que possible, pour être vendu à la main-d'œuvre dans les plantations de café, de tabac, de cacao, de sucre et de coton, de mines d'or et d'argent, dans les champs de riz, de l'industrie de la construction, de bois pour les navires, en main-d'œuvre qualifiée et comme domestiques.

Les premiers Africains importés vers les colonies anglaises ont été classés comme "serviteurs", comme les travailleurs en provenance de l'Angleterre et aussi comme « apprentis pour la vie ».

Au milieu du 17ème siècle, l'esclavage avait durci comme une caste raciale ; les esclaves et leurs descendants étaient juridiquement la propriété de leurs propriétaires et les enfants nés de mères esclaves étaient des esclaves.

Comme la propriété, les gens ont été considérés comme des marchandises ou des unités de travail, et ont été vendus sur les marchés avec d'autres produits et services.

Les principales nations commerçantes des esclaves, commandés par le volume du commerce, étaient : les Portugais, les Britanniques, les Français, les Espagnols et l'Empire néerlandais.

Plusieurs avaient établi des avant-postes sur la côte africaine où ils ont acheté les esclaves de dirigeants africains locaux.

Ces esclaves étaient gérés par un facteur qui a été établi sur ou près de la côte afin d'accélérer l'expédition des esclaves vers le Nouveau Monde.

Les esclaves étaient gardés dans une usine en attendant l'expédition. Les estimations actuelles sont qu'environ 12 millions d'Africains ont été expédiés à travers l'Atlantique, bien que le nombre acheté par les commerçants soit considérablement plus élevé.

Vers le début du 19e siècle, les gouvernements dans le monde atlantique ont commencé d'agir pour interdire le commerce, bien que la contrebande illégale eût encore eu lieu.

Au début du 21e siècle, plusieurs gouvernements ont émis des excuses pour le commerce transatlantique des esclaves.

Il y avait huit principaux domaines utilisés par les Européens pour acheter et expédier des esclaves pour l'hémisphère occidental.

Le nombre de personnes esclaves vendus au Nouveau Monde varié tout au long de la traite des esclaves. Quant à la répartition des esclaves des régions d'activité, certaines régions ont produit bien plus esclaves que d'autres.

Entre 1650 et 1900, 10,24 millions d'esclaves africains sont arrivés en Amérique dans les régions suivantes :

Sénégambie (Sénégal et la Gambie) : 4,8%

Haute Guinée (Guinée-Bissau, Guinée et Sierra Leone) : 4,1%

Liberia et Côte d'Ivoire : 1,8%

Gold Coast (Ghana et à l'est de la Côte-d'Ivoire) : 10,4%

Golfe du Bénin (Togo, Bénin et Nigeria à l'ouest du delta du Niger) : 20,2%

Nigeria, Niger, Cameroun, Guinée équatoriale et Gabon : 14,6%

République du Congo, République démocratique du Congo et de l'Angola : 40%

Mozambique et Madagascar : 4,7%

Les différents groupes ethniques aux Amériques correspond étroitement aux régions d'activité le plus lourd dans le commerce des esclaves. Plus de 45 groupes ethniques distincts ont été transportés en Amérique pendant le commerce.

Sur les 45, les dix plus important, selon la documentation des esclaves de l'époque sont énumérés ci-dessous :

Les Bakongos du Royaume Kongo ;

Les Mandingues de la Haute Guinée ;

Les Gbe, Mina, Ewe, adjas et les Fons du Togo, du Ghana et du Bénin ;

Les Akans du Ghana et de la Côte-d'Ivoire ;

Les Wolofs du Sénégal et de la Gambie ;

Les Igbo du sud-est du Nigeria ;

Le Mbundu de l'Angola (comprend à la fois Ambundu et Ovimbundu) ;

Les Yorubas du sud-ouest du Nigeria ;

La Chamba du Cameroun ;

Le Makua du Mozambique.

Les effets négatifs de l'esclavage

Les effets négatifs de l'esclavage sur les économies de l'Afrique ont été bien documentés, à savoir la baisse importante de la population, certains dirigeants africains ont probablement vu un avantage économique avec les marchands d'esclaves européens.

Le commerce atlantique a apporté de nouvelles cultures en Afrique et aussi des devises plus efficaces qui ont été adoptées par les marchands ouest-africains.

Cela peut être interprété comme une réforme institutionnelle qui a réduit le coût de faire des affaires. Mais les avantages de développement étaient limités tant que l'entreprise.

Alors que l'élite politique africaine pourrait avoir bénéficié de la traite des esclaves, leur décision de participer a été influencée par l'argent.

Il y avait vraiment peu de moyens efficaces de mobiliser la main-d'œuvre pour les besoins économiques et politiques de l'Etat sans le commerce des esclaves.

Sous la direction de Thomas Jefferson, le nouvel état de la Virginie en 1778 est devenu le premier état et l'une des premières juridictions partout pour arrêter l'importation d'esclaves aux États-Unis.

Le Danemark, qui avait été actif dans le commerce des esclaves, a été le premier pays à interdire le commerce par la législation en 1792.

Le Congrès américain a adopté la Loi sur le commerce des esclaves de 1794, qui interdit la construction ou l'équipement des navires pour une utilisation dans le commerce des esclaves.

En 1807, le Congrès a interdit l'importation d'esclaves à compter du 1er Janvier 1808, la première date permise par la Constitution des États-Unis pour une telle interdiction.

La Grande-Bretagne a continué à appuyer d'autres pays pour mettre fin à son commerce ; le traité de Paris en 1814 où la France était d'accord avec la Grande-Bretagne que le commerce est "incompatible avec les principes de justice naturelle" et a décidé d'abolir la traite des esclaves en cinq ans ;

En 1808, une force de quelque 25 navires avaient été chargés de la lutte contre l'esclavage le long de la côte africaine.

Entre 1807 et 1860, l'escadron de la Royal Navy a saisi environ 1 600 navires impliqués dans le commerce des esclaves et libéré 150.000 africains qui étaient à bord de ces navires.

Le dernier pays à interdire la traite atlantique était le Brésil en 1831.

L'Imamat du Fouta Djalon

L'Imamat du Fouta Djalon était un Etat ouest-africain théocratique basé sur les hauts plateaux du Fouta Djallon en Guinée moderne. L'état a été fondée vers 1727 par un djihad peul et devint une partie de l'empire colonial de la Troisième République française en 1896.

Origine

La région Fouta Djallon a été occupée par les Peuls semi-nomade au fil des générations successives entre les 13e et 16e siècles.

Au départ, les Peuls ont suivi la religion traditionnelle africaine. Au 16e siècle, un afflux de musulmans Peuls de Macina (Mali) a changé le tissu de la société peul.

Comme dans l'Imamat du Fouta Toro, le musulman et le traditionaliste du Fouta Djallon ont toujours vécu côte à côte.

Puis, selon les récits traditionnels, une guerre sainte du 17e siècle a éclaté.

En 1725, les Peuls musulmans ont pris le contrôle complet du Fouta Djalon après la bataille de Talansan et mis en place le premier des nombreux Etats théocratiques Peul à venir.

Karamoko Alfa a été nommé Commandeur des croyants et premièr Almami de l'Imamat de Fouta Djalon. Il mourut en 1751 et fut remplacé par Ibrahim Sori, qui a consolidé le pouvoir de l'Etat islamique. Le modèle théocratique du Fouta Djalon sera plus tard inspirer par le Peul du Fouta Toro.

Organisation

La nouvelle Imamat du Futa Jallon a été régie par une interprétation stricte de la charia avec une règle centrale dans la ville de Timbo, près de l'actuelle Mamou. L'Imamat contenait neuf provinces appelées DIWÉ, qui ont tous tenu une certaine autonomie.

Ces DIWÉ étaient : Timbo, Timbi, Labè, Koin, Koladè, Fugumba, Kebali, Fodé Hadji et Murya, et Massi.

La réunion des dirigeants de ces DIWÉ à Timbi a décidé d'introduire Alpha Ibrahima de Timbo en tant que premier Almamy Fouta Djalonke avec résidence à Timbo.

Timbo devient alors la capitale du Fouta Djalon jusqu'à l'arrivée des colonialistes français.

L'objectif de la constitution de l'imamat était de convaincre les communautés locales à devenir musulman, avant de devenir une puissance régionale par la guerre et la négociation, en exerçant une influence et en générant de la richesse.

En tant qu'Etat souverain, il a traité avec la France et d'autres puissances européennes comme un pair diplomatique tout en défendant la réalisation artistique et littéraire de l'enseignement islamique dans les centres tels que la ville sainte de Fugumba.

Après la mort de Sori en 1784, ses fils et ceux de Karamoko Alfa, s'étaient engagés dans une lutte pour la succession. Le fils de Sori Sadu a été assassiné vers 1797 par les partisans du fils de Karamoko Alfa, Abdoulaye Badema.

Les musulmans du Fouta Djalon se divisèrent en factions. La faction cléricale a pris le nom de l'Alfaya par respect pour l'héritage de Karamoko Alfa, alors que la faction laïque s'appelé Soriya, d'après son successeur Ibrahima Sori.

Les deux factions sont parvenues à un accord qui devrait pouvoir alterner le pouvoir entre les dirigeants des deux factions. Les dirigeants des deux villes de Timbo et de Fugumba descendaient de la même famille et plus tard, toute les concurrences pour le poste d'Almami se passaient dans ces deux villes.

Dominance

L'Imamat de Fouta Djalon est devenu une société multilingue et multiethnique, gouverné par les Peuls musulmans et soutenu par de puissantes armées libres et l'esclavage.

Le Peul du Fouta Djalon et du Fouta Toro ont pu tirer profit de la traite atlantique croissante avec les européens sur la côte, en particulier les français et les portugais.

Les Fouta-Unis ont également fourni le bétail et d'autres biens à leurs voisins européens sur la côte. L'Almaami demanderait des cadeaux en échange de droits commerciaux et pourrait imposer sa volonté avec une armée bien fourni.

En 1865, le Fouta Djalon a soutenu une invasion du royaume mandingue de KAABU, ce qui entraînera sa disparition lors la bataille de Kansala en 1867.

Il a conquis les vestiges du Royaume Djolof dans le centre de la Sénégambie en 1875.

Déclin

Les Français ne sont pas satisfaits de cette simple domination sur la côte et le commerce de plus en plus d'un côté avec les Peuls. Ils ont commencé à faire des incursions dans le Fouta Djalon en capitalisant sur ses luttes internes.

Enfin, en 1896, à la bataille de Porédaka, les français ont battu le dernier Almaami du Fouta Djalon, Bokar Biro.

Le Fouta Djalon est une région montagneuse dans le centre de la Guinée. L'origine du nom vient du mot peul pour la région ainsi que le nom des habitants d'origine Yalunka ou Djalonké, un peuple Mandingue étroitement liés au Soussou.

Géographie

Le Fouta Djalon se compose principalement de prairies vallonnées, à une altitude moyenne d'environ 900 mètres. Le point culminant, le mont Loura, culmine à 1.515 mètres. Le plateau est constitué de formations de grès épais qui recouvrent la granitique d'un sous-sol rocheux.

L'érosion par la pluie et les rivières ont creusé des vallées et une jungle profonde.

Le mot Djalon provient des personnes qui occupaient au départ de la région, les Djalonkés.

Le Fouta Djalon reçoit beaucoup de précipitations et le cours supérieur de quatre grands fleuves :

Le Tinkisso (majeur affluent en amont du Niger)

Le Fleuve Gambie

Le Fleuve Sénégal

Le Pongo

Il est donc parfois appelé le château d'eau d'Afrique de l'Ouest.

Population

La population se compose principalement des Peuls ou Fulanis et leur langue est le Peul.

L'économie rurale

Les Peuls pratiquent une forme d'agriculture naturelle qui peut être reconnue aujourd'hui comme l'agriculture bio intensive. Les principales cultures de rente de la région sont la banane et d'autres fruits.

La récolte principale est le fonio, bien que le riz soit cultivé dans les sols plus riches.

La plupart des sols se dégradent rapidement et sont très acides avec la toxicité de l'aluminium, ce qui limite le type de cultures qui peuvent être cultivées sans gestion importante du sol.

L'Agriculture dans le Fouta Djalon

Pendant le 18e siècle, les Peuls ont développé un type d'agriculture bio intensive, probablement par nécessité. La combinaison de l'élevage et de l'agriculture sédentaire dans un système efficace d'agropastoralisme nécessitait une nouvelle façon d'organiser la vie quotidienne.

Le Bétail, qui comprenait les chevaux et d'autres animaux, mangeait plus et produit plus de déchets que ce que les agriculteurs autochtones étaient habitués.

Étant donné que le bétail doit être protégée de la faune sauvage dans la nuit, ils ont été mis en concession familiale.

Aujourd'hui, le bétail paître dans des zones ouvertes pendant la journée, mais sont à l'abri pendant la nuit, sauf pour les chèvres, qui sont autorisés à gérer eux-mêmes leurs limites.

Un schéma similaire doit avoir été mis au point pendant la dernière partie du 18e au 19e siècle.

Néanmoins, l'élimination des déchets de l'élevage, qui est devenu le travail de la femme, nécessitait une manière systématique. Et, au fil du temps, les femmes ont élaboré une méthode pour le faire.

Dans le jardinage biologique, leur solution est appelée feuille de compostage ou le paillage.

Au fil du temps, les femmes ont mélangé une variété des autres matières organiques avec le fumier (déchets de cuisine, résidus de récolte, et les matières végétales).

Les jardins sont importants pour les cultures vivrières et de rente

Aujourd'hui, les jardins continuent de produire une quantité importante et la variété des produits agricoles.

En 2003, le coutoudje (Peul) ou jardins du Fouta Djallon a été reconnu par l'Organisation des Nations Unies pour l'alimentation et l'agriculture (FAO) comme l'un des importants systèmes généraux du patrimoine agricole.

Urbanisation

La plus grande ville de la région est Labé. Le Fouta Djalon a toujours eu un degré élevé d'émigration, généralement de courte durée, et principalement au Sénégal et en Sierra Leone.

Les Yalunka ou Jalonkés

Le Jalonké, Yalunka Djallonké ou Dialonké sont un peuple Mandingues qui étaient l'un des habitants du Fouta Djalon. Ils sont une branche des mandé d'Afrique de l'Ouest.

Aujourd'hui, les Yalunkas sont concentrés principalement en Guinée et en Sierra Leone. Le nom Yalunka signifie littéralement habitants des Djalons (montagnes). Au 18e siècle, la plupart des Yalunkas ont été chassés du Fouta Djalon par les Peuls.

La langue Yalunka appartient à la branche Mandingue de la famille des langues Niger-

Congo. Le Yalunka est mutuellement intelligible avec le Soussou, une autre langue Mandingue.

Les Yalunkas se réfèrent souvent à eux-mêmes comme les ancêtres du peuple Soussou et nous pouvons les classer en un seul groupe (Dioula).

Les Yalunkas ont historiquement été plus influencée par l'Islam que les Soussous et qui sont encore évident dans leur culture traditionnelle d'aujourd'hui.

La plupart des habitations Yalunka sont situés dans les vallées entre les collines. Depuis les années 1950, de nombreux Yalunka ont migré vers les villes pour trouver du travail.

Ces derniers temps, certains Peuls et Maninka ont déménagé dans la région Yalunka, pour créer un environnement multi-culturel. Cependant, cela a entrainé des conflits dans certains cas, en particulier entre les Yalunkas et les Peuls.

Économie

Les Yalunkas sont des agriculteurs de subsistance, principalement le riz et le mil étant leurs cultures de base. L'arachides, les patates douces, le maïs et les haricots sont également cultivés.

La volaille, les troupeaux de moutons et de chèvres sont en quantités importantes. L'élevage caprins et des bovins fournissent du lait en tant que source de nourriture, qui est utilisé directement et traitées pour le fromage et d'autres produits.

Ce bétail, tels que les chèvres et les bovins, sont très importants en tant que marqueur de la richesse et parce qu'ils servent aussi de paiements.

La famille du garçon donne des animaux à la famille de la jeune fille avant le mariage. Ces animaux sont également utilisés comme un moyen d'échange économique.

Parmi les Yalunkas, l'élevage se fait par les enfants. Les femmes traient le bétail, le beurre et aident les hommes dans une partie du travail agricole.

Le miel est un autre produit important parmi chez Yalunkas. Ils suspendent de grands paniers dans les arbres. Les abeilles utilisent les paniers pour fabriquer le miel. Chaque année, entre 20 et 50 litres de miel peuvent être recueillies à partir de chaque panier.

Culture

Les Yalunkas préfèrent vivre dans les villages. La plupart des grands établissements ont été à leur emplacement actuel depuis le 18e siècle.

La société Yalunka est essentiellement patriarcale, ce qui signifie que les ménages de la famille sont dirigés par les hommes.

Un ménage se compose généralement d'un homme, sa femme ou ses femmes, et leurs enfants. La famille est l'unité sociale majeure pour le Yalunka. Les ménages étendus, qui se composent de deux ou plusieurs hommes mariés et leurs familles, peuvent composer une famille élargie.

Les Yalunkas vivent dans des huttes rondes qui ont des murs en briques et des toits de chaume en forme de cône.

Dans le village, les huttes sont groupées en composés autour d'une cour et sont entourés par une clôture.

La Polygynie (avoir plusieurs épouses) est une pratique courante chez les Yalunkas. Les mariages entre Yalunka sont traditionnellement organisés.

Selon la loi islamique, un homme peut avoir jusqu'à quatre épouses. Sa première femme a autorité sur toutes les femmes subséquentes.

Le mari a un contrôle complet sur ses épouses et est responsable de l'alimentation et des vêtements de toute la famille.

Il aide également les parents des épouses si nécessaire. Les fonctions des épouses comprennent le maintien de la maison, préparer les repas, laver les vêtements, et aider les hommes dans le travail agricole. Quand un homme meurt, un de ses frères épouse traditionnellement sa veuve ou veuves afin que leurs enfants restent dans la famille de l'homme.

Religion et croyances traditionnelles

Les Yalunkas sont à 99% musulmans. Dans le même temps, ils ont conservé de nombreuses croyances et pratiques préislamiques, en combinant les deux d'une manière syncrétique.

Par exemple, ils font des sacrifices aux ancêtres pour gagner la puissance appelée Barinkiina. Ils utilisent également des charmes pour le pouvoir personnel.

Chaque famille possède des objets de pouvoir qui exigent des sacrifices. Les familles conservent également des armes anciennes et des vêtements de guerre qui possèdent des pouvoirs surnaturels.

Les Yalunkas croient en Ninanna ou les esprits de la nature et les sacrifices sont régulièrement faits pour eux.

Certains des Ninanna sont dit être de bonne humeur, en aidant à la production de riz et la fertilité chez les femmes ; d'autres sont considérés comme dangereux, vivant dans la brousse et tuant les enfants. Les esprits les plus puissants sont appelés Yinnana.

Le Yalunka pense que les sorciers ont le pouvoir de se transformer en animaux. Ils peuvent causer des dommages aux villageois en mangeant leurs âmes la nuit.

D'autres apportent des malédictions sur les maisons des victimes pour ruiner leurs récoltes. Les gens vont de sourciers à sorciers pour qu'ils accomplissent des rituels spéciaux dans le but de garder les sorcières et le mal des Ninannas loin des fermes et des ménages.

Les Soussous

Le peuple Soussou est un groupe ethnique Mandingue vivant principalement en Guinée. Les petites collectivités sont également situées dans le pays voisin de la Sierra Leone. Les Soussous sont des descendants de l'Empire du Mali. Ils se sont déplacés à leur emplacement actuel après 1725, lorsque les Peuls ont tenté de les dominer dans le Fouta Djalon.

Les Soussous sont des agriculteurs, des commerçants et des pêcheurs. Ils vivent principalement dans les zones côtières de la Guinée et de la Sierra Leone.

Leurs maisons sont faites de boue ou de blocs de ciment et de toits de chaume ou d'étain en fonction de leurs moyens.

Culture

La famille est très importante dans la société Soussou. Les Soussous vivent souvent avec leur famille élargie. La polygamie est une pratique acceptée depuis la loi islamique qui permet aux hommes d'avoir autant que quatre femmes.

Les hommes s'occupent de leurs familles en travaillant dans les champs de riz, en pratiquant la pêche ou en se livrant au commerce.

Les femmes cuisinent la nourriture et prennent soin des enfants. Elles se livrent souvent à un petit commerce, généralement de légumes qu'elles ont élevés dans leur propre jardin.

Souvent, les femmes ont leur propre chambre ou cabane à côté du logement de leur mari où elles vivent avec leurs enfants.

Bien que de bonnes relations sociales sont évalués, il y a beaucoup de conflits avec les voisins.

Chaque village a un leader naturel, généralement un chef reconnu, qui aident à résoudre les conflits. Pour les questions plus graves, les responsables gouvernementaux comme la police et le maire sont appelés.

Les Soussous sont connus pour être ouvert d'esprit, contre le tribalisme, offrant des services à leurs homologues voisins.

Langue

La Soussou est une langue mandingue (Dioula) et sert en tant que langue commerciale majeure le long de la côte guinéenne, y compris dans la capitale de Conakry.

D'autres grandes villes où le Soussou est parlé comprennent Dubréka, Kindia, Forécariah, Boffa, Kamsar et Boké.

Les Soussous et les Yalunkas croient qu'ils étaient à l'origine un même groupe ethnique vivant dans la région du Fouta Djalon.

Économie

Les Soussous sont principalement des agriculteurs qui cultivent le riz et le mil qui sont leurs deux aliments des bases. La mangue, l'ananas et la noix de coco sont également cultivés. Les femmes font divers types d'huile de palme avec les noix de palme. Ils font aussi l'huile d'arachide et du savon.

Tous les membres de la famille, y compris les enfants, devraient faire leur part du travail manuel nécessaire pour maintenir un mode de vie adéquat.

En plus de l'agriculture, la pêche et la production de sel sont des entreprises importantes pour l'économie Soussou. Le sel est produit pendant la saison sèche et il peut prendre jusqu'à trois mois de travail intense pour produire quelque chose de substantiel. Les Soussous sont également bien connus comme les commerçants et artisans du cuir et du métal.

Mode de vie

Les maisons des Soussous ont été généralement faites de boue ou de ciment, en fonction des ressources disponibles. Elles sont généralement assez grandes pour accueillir les familles élargies.

Dans les villes, les toits sont le plus souvent faites de tôle ondulée ; alors que dans les zones rurales, ils sont généralement faits de chaume.

La plupart de la cuisine est faite sur des feux ouverts. L'électricité est rare dans toute la région, même dans la capitale, de nombreux jours sans lumière. L'eau potable ne constitue pas un gros problème dans les zones rurales. Les organisations d'aide humanitaire tentent d'aider les Soussou en creusant des puits dans la région.

Bien que les vêtements occidentaux puissent être obtenus sur les marchés, la plupart des femmes Soussou semblent préférer une robe africaine. Elles portent habituellement des jupes de style africain qui atteignent leurs chevilles. Les hommes plus âgés portent des robes en coton mais les hommes plus jeunes préfèrent les vêtements de style occidental.

Religion et croyances traditionnelles

Plus de 99% des Soussous sont musulmans et l'islam domine leur culture et les pratiques religieuses. La plupart des fêtes islamiques sont observés, le plus important étant la célébration qui suit le Ramadan (un mois de prière et de jeûne).

Les Soussous combinent aussi leur foi islamique aux croyances traditionnelles, telles que l'existence des esprits qui habitent certaines régions et la croyance aux sorciers qui ont le pouvoir de se transformer en animaux, lancer des sorts maléfiques sur les gens ou guérir les gens de certaines maladies.

Population

Plus de 75% de la population totale Soussou habite en particulier, dans et autour de la capitale guinéenne Conakry. Les Soussous dominent la région centrale de la Guinée et leur langue est la plus parlée dans la capitale Conakry et dans d'autres villes du centre de la Guinée, y compris Kindia, Forekaria et Koya.

Les Peuls

Les Peuls, Foula ou Foulani qui représentent 40% de la population totale du pays, sont l'un des plus largement dispersé et culturellement diversité des peuples de l'Afrique de l'Ouest.

Les Peuls sont liés entre eux par la langue Peul, ainsi que par certains éléments culturels de base tels que le Poulakou, un code de conduite commun à tous les groupes peuls.

Une proportion importante de Peul est nomade.

Réparties sur de nombreux pays, ils se trouvent principalement en Afrique de l'Ouest.

Il y a beaucoup de noms (et l'orthographe des noms) utilisés dans d'autres langues pour désigner le peul.

Distribution géographique

Les pays africains où ils sont présents sont : la Mauritanie, le Ghana, le Sénégal, la Guinée, la Gambie, le Mali, le Nigeria, la Sierra Leone, le Bénin, le Burkina Faso, la Guinée Bissau, Cameroun, Côte-d'Ivoire, le Niger, le Tchad, le Togo, le Gabon, le Soudan du Sud, République Centrafricaine, le Libéria, le Soudan et l'Égypte.

A l'exception de la Guinée, où les Peuls constituent une pluralité ethnique (le plus grand groupe ethnique), soit environ 50% de la population, au Sénégal, au Mali, au Burkina Faso, au Niger et au Cameroun, les Peuls sont des minorités.

Parallèlement, beaucoup parlent aussi d'autres langues des pays qu'ils habitent, ce qui rend de nombreux Peul bilingues ou même trilingues dans la nature.

Les grandes concentrations de Peuls existent dans les hautes terres du Fouta Djalon en Guinée centrale et du sud, dans l'extrême nord de la Sierra Leone; les prairies du Fouta Toro du

Sénégal et du sud de la Mauritanie; dans Macina au Mali; et surtout dans les régions du Mali autour de Mopti et Nioro, dans la région de Kayes; les colonies Borgou du Bénin, du Togo et du centre-ouest du Nigeria; les régions du nord du Burkina Faso, dans les provinces du Seno, Wadalan et de Soum; et les zones occupées par le Califat de Sokoto, qui comprend ce qui est maintenant le sud du Niger et du Nigeria du Nord comme Tahoua, Katsina, Sokoto, Kebbi, Zinder, Bauchi, Diffa, Yobe, Gombe, et plus à l'est, dans les systèmes de la vallée de la Bénoué du Nigeria et du Nord Cameroun.

Ce sont dans les domaines des hauts plateaux du Ouaddaï de l'est du Tchad, les zones autour de Kordofan, du Darfour et du Nil Bleu, Sennar, régions Kassala du Soudan, ainsi que la ville côtière de la mer Rouge de Port Soudan.

Les Peuls sur leur chemin ou au retour du pèlerinage à La Mecque, en Arabie Saoudite, se sont installés dans de nombreuses régions de l'est du Soudan, ce qui représente aujourd'hui une communauté distincte de plus de 2 millions.

Bien que le début de leur habitat en Afrique de l'Ouest fût apparemment dans une zone à proximité des frontières de l'actuel Mali, du Sénégal et de la Mauritanie, ils sont maintenant, après des siècles de migrations et de conquêtes progressives, réparties dans une large bande de l'Afrique.

Les Peuls occupent une vaste étendue géographique située à peu près dans une direction longitudinale Est-Ouest au sud du Sahara, bien que les situations aient beaucoup changé ces derniers temps et une proportion non négligeable des peuls vivent maintenant dans les zones densément boisées au sud, dans des pays comme la Sierra Leone, le Nigeria, le Cameroun, la Guinée, la République centrafricaine et la République démocratique du Congo.

Il y a environ 20 millions de Peuls en 2016.

Ils sont considérés parmi les peuples largement dispersés et culturellement diverses dans toute l'Afrique.

Les Peuls pastoraux se déplacer avec leurs troupeaux tout au long de l'année. En règle générale, ils ne restent pas là, pendant de longues périodes (pas plus de 2 à 4 mois).

Le Peul semi-nomade peut être soit une famille qui s'installe temporairement à certains moments de l'année et même si elle possède du bétail, elle ne se promènera pas loin à partir d'une propriété fixe.

Les Peuls stables et modernes vivent dans les villages et les villes de façon permanente et ont abandonné la vie nomade complètement.

Ces processus de développement, la concentration et la conquête militaire ont conduit à l'existence de communautés organisées et établies de longue date, variant en taille de petits villages vers les villes.

Aujourd'hui, certaines principales villes Peules comprennent : Labé, Pita, Mamou et Dalaba en Guinée, Kaédi, Matam et Podor au Sénégal et en Mauritanie, Bandiagara, Mopti, Dori, Gorom-Gorom et Djibo au Mali, Birnin Kebbi, Gombe,

Yola, Jalingo, Mayo Belwa, Mubi, Maroua, Ngaoundéré, Girei et Garoua dans les régions du Cameroun. Au Nigeria, dans la plupart de ces communautés, les Peuls sont généralement perçus comme une classe dirigeante.

Un groupe étroitement lié au Peul est le peuple Toucouleur dans la vallée du fleuve Sénégal qui sont essentiellement un mélange de Peul, Sérère et Wolof. Ils sont les descendants d'esclaves Peuls.

Aujourd'hui légalement émancipé dans certaines régions, ils rendent encore hommage aux élites Peuls et ont souvent leurs chances de mobilité sociale ascendante refusées.

Un autre groupe lié sont les Wassoulous (Mandingues), qui sont en partie des Peuls, vivant dans les zones qui constituent des parties de la Côte-d'Ivoire, la Guinée et le Mali.

Ils habitent une région qui se développe à partir du coin sud-ouest du Mali, jusqu'à l'angle nord-ouest de la Côte-d'Ivoire et la partie nord-est de la Guinée.

On croit qu'ils se sont installés à Yanfolila et les zones environnantes pendant les 11e et 14e siècles. Ils sont ensuite tenus d'avoir adopté la langue et la culture du Mandingue environnant et des Bambaras.

Culture

Les Peuls sont traditionnellement nomades.

Ils s'occupent des troupeaux de bovins, chèvres et moutons à travers les vastes régions sèches d'Afrique de l'Ouest, en restant un peu séparé des populations agricoles locales.

Ils sont le plus grand groupe ethnique nomade dans le monde et habitent plusieurs territoires sur une zone plus grande que l'Union Européenne (UE).

Parmi les Peuls nomades, les femmes dans leur temps libre font de l'artisanat, y compris des calebasses gravées, les tissages, des couvertures admirablement faits et des paniers.

Les hommes peuls sont moins impliqués dans la production de l'artisanat comme la poterie, le travail du fer, et la teinture, à la différence des hommes appartenant à des groupes ethniques voisins autour d'eux.

Dans pratiquement tous les domaines de l'Afrique de l'Ouest où le Peul nomade réside, il y a eu une tendance croissante des conflits entre les agriculteurs (sédentaires) et les éleveurs (pastorale et nomade).

L'élevage du bétail est une activité principale chez les Peuls du Sahel.

Des milliers de Peuls ont été forcés de quitter leurs terres traditionnelles dans le Sahel, vers des zones plus au sud, en raison de l'empiètement croissant de la désertification saharienne.

Les sécheresses récurrentes ont fait que beaucoup de familles d'éleveurs traditionnels ont été contraints de renoncer à leur mode de vie nomade, perdre le sens de leur identité dans le processus.

L'urbanisation croissante a également signifié que beaucoup de terres traditionnelles de pâturage Peuls ont été prises à des fins de développement ou de force converti en terres agricoles.

Ces actions se traduisent souvent par des attaques violentes et des contre-attaques de représailles avec les Peuls, qui sentent leur mode de vie menacé.

Les Peuls croient que l'expansion des réserves de pâturage stimulera le cheptel, réduira la difficulté de l'élevage, réduira la migration saisonnière et améliorera l'interaction entre les agriculteurs, les éleveurs et les habitants des zones rurales.

Langue

Le Peul est la langue maternelle des Peules et aussi une langue seconde employée régionalement comme langue véhiculaire par d'autres ethnies ouest africaines.

Elle est parlée dans une vingtaine d'États d'Afrique de l'Ouest et centrale (dont le Sénégal, le Mali, la Mauritanie, la Gambie, la Guinée, le Cameroun, le Niger, le Burkina Faso, le Tchad, le Nigeria, la Sierra Leone et le Soudan) des rives du Sénégal à celles du Nil.

Le Code Moral ou Poulakou

Les Peuls suivre un code de conduite appelé Poulakou, qui se compose des qualités de patience, la maîtrise de soi, la discipline, la prudence, la modestie, le respect des autres (y compris des ennemis), la sagesse, la prévoyance, la responsabilité personnelle, l'hospitalité, le courage et le travail.

Le code de conduite est transmis par chaque génération et permet de maintenir l'identité des Peuls à travers les limites et les changements de style de vie.

Essentiellement considérée comme ce qui rend une personne Peul, le Poulakou se compose de quatre principes de base :

Le Mouniale est un croisement entre la force et le courage dans l'adversité et une acceptation stoïque ou l'endurance des vicissitudes soi-disant pré-ordonnés de la vie. Il est souvent traduit par la patience ;

Le mot Akilo, ce qui signifie l'intelligence, la prévoyance et le bon sens, véhicule un mélange de prudence et de finesse dans la gestion des moyens de subsistance ;

Le Semtende qui signifie la honte est décrite à la fois comme un manque de retenue et la maîtrise de soi dans l'interaction sociale quotidienne et une constatant faiblesse face à l'adversité ;

Un vrai Peul est en contrôle total de ses émotions et impulsions.

Le Akile est la sagesse, la prévoyance, la responsabilité personnelle et l'hospitalité ;

Le Sagata ou Tinade symbolise le courage et le travail.

Les Vêtements

La robe ou Boubou traditionnelle Peul se compose de longues coupes fluides colorés, modestement brodés ou autrement décorés.

Dans les hautes terres du Fouta Djalon, il est fréquent de voir des hommes portant un chapeau distinctif avec des broderies colorées.

Les femmes portent une robe de tissu de coton blanc ou noir orné en bleu, rouge et vert, avec des styles différents selon les régions.

Il n'est pas rare de voir les femmes décorer leurs cheveux avec des perles ainsi que des cauris.

Les femmes peules utilisent souvent le henné pour la décoration des mains, des bras et des pieds, comme dans d'autres cultures similaires d'Afrique.

Leur longue chevelure est mise en cinq longues tresses qui soit pendent ou sont parfois bouclées sur les côtés. Les femmes portent souvent plusieurs bracelets aux poignets.

Comme les hommes, les femmes ont des marques sur leurs visages autour des yeux et de la bouche.

Les hommes peuls sont aussi souvent vus en chemise de couleur unie avec un pantalon fabriqués à partir de coton cultivé localement, un long tissu enroulé autour de leurs faces et un chapeau conique fabriqué à partir de paille et de cuir et portant un bâton de marche sur leurs épaules les bras reposant sur le dessus de celui-ci.

Souvent, les hommes ont des marques de chaque côté de leurs faces ou sur leur front.

Les femmes portent aussi des robes longues avec des châles fleuris. Ils les décorent avec des colliers, des boucles d'oreilles, des bagues et des bracelets.

Musique

Les Peuls possèdent une culture musicale riche et jouent une variété d'instruments traditionnels.

Le musicien sénégalais Peul mondialement connu est Baaba Maal qui chante en Peul dans ses enregistrements.

Le Zagaret est une forme populaire de musique vocale formé en déplaçant au rythme pointu et aigu.

La musique Peule est aussi variée que ses habitants.

La musique est jouée à toute les occasions : quand il faut paître le bétail, travailler dans les champs, pendant la préparation des aliments ou au temple.

La musique est extrêmement importante pour le cycle de vie du village avec la culture de la récolte et le vannage du mil qui sont effectuées au rythme des chansons et des tambours.

Les éleveurs Peuls ont une affinité particulière pour la flûte et le violon.

Le jeune berger peul siffle et chante pendant qu'il erre dans la savane silencieuse avec le bétail et les chèvres.

Les Peuls sont aussi influencés par les autres instruments de la région comme la kora et le balafon.

Les griots récitent l'histoire des personnes, des lieux et des événements de la communauté.

Alimentation

Le Kossam peut être le terme général pour la bouillie de lait frais et du yaourt.

Il est au cœur de l'identité Peul et est vénéré comme une boisson ou dans l'une de ses diverses formes transformées, tels que le yaourt ou le fromage.

Il y a plusieurs dérivés de lait qui sont utilisés dans la cuisine légère et le tissage des cheveux.

Il est fréquent de voir des femmes peules porter des produits laitiers dans les calebasses joliment décorées et en équilibre sur leurs têtes.

Les autres repas comprennent des pâtes de farine à partir des céréales comme le mil, le sorgho ou le maïs qui est consommée en combinaison avec une soupe à base de tomates, d'oignons, d'épices, de poivrons et des autres légumes.

Un autre repas populaire mangé par les Peuls est fabriqué à partir de la fermentation du lait et mangé avec du couscous de maïs.

Lors d'occasions spéciales, ils mangent de la viande, comme la chèvre ou le bœuf.

L'habitat

Traditionnellement, les Peuls vivent dans des maisons en forme de dôme connu littéralement sous le nom maison en herbe.

Pendant la saison sèche, les maisons de forme en forme de dôme sont soutenues par des piliers compacts de tiges de mil et pendant la saison des pluies par des nattes de roseaux maintenus ensemble et attachés contre des poteaux de bois

Ces maisons mobiles sont très faciles à mettre en place et démanteler.

Quand il est temps de se déplacer, les maisons sont facilement démontés et chargées sur des ânes, des chevaux ou des chameaux pour le transport.

Avec les tendances récentes, de nombreux Peuls vivent maintenant dans les maisons en boue ou en blocs de béton.

Une fois qu'ils sont mis en place, la salle est divisée en un compartiment de couchage et un autre compartiment où les calebasses et les pots de toutes tailles sont intimement disposés en fonction de leurs tailles.

Les Origines

Diverses théories ont été avancées concernant les origines énigmatiques du peuple Peul. L'ethnogenèse du peuple Peul, cependant, semble avoir commencé à la suite d'interactions entre une ancienne population ouest-africaine et une population d'Afrique du Nord dans les zones autour de la courbure du fleuve Niger.

Les Peuls migrent vers le sud et vers l'est de la Mauritanie autour du 5e siècle.

Au cours du 9e siècle, le Tekrour est fondée sur le cours inférieur du fleuve Sénégal. Le Tékrour ou Tekrour était un petit État d'Afrique de l'ouest.

Il vivait du commerce de l'or, du sel et des céréales du Sahel, ainsi que de l'esclavage. Le royaume se convertit à l'Islam vers le 7e siècle. C'est la déformation française de Tékrour qui a donné le mot Toucouleur (Peul).

Le Royaume de Tekrour a fleuri en Afrique de l'Ouest en raison du commerce de l'or.

Les Almoravides attaquent le Tekrour en 1039.

Les Almoravides sont une dynastie berbère constitué par la confédération des tribus englobant la Mauritanie, le Maroc et l'Ouest de Algérie.

Les Peuls de Takrour sortent de l'ombre après la chute de l'Empire du Ghana et se lancent sur une la conquête de Koumbi Saleh (ancienne capitale de l'Empire du Ghana) en 1203.

Les Peuls, dans leur recherche de pâturage, commenceront une nouvelle vague de migrations vers l'est du Sénégal et aussi à se convertir à l'Islam au milieu du 16e siècle.

C'est à partir de ce moment-là que nous avons commencé à enregistrer la présence des Peuls en Guinée.

En 1650, une autre vague de migrations Peuls pénètrent encore plus loin les montagnes au sud du Sénégal et du Fouta Djalon.

Premier djihad Peul en 1673

Pendant le premier djihad des Peuls dans les hautes terres du Fouta Djalon, les forces musulmanes Peuls ont attaqué les Peuls non-musulmans et d'autres peuples de la région lors de la bataille de Talansan.

Deuxième djihad lancé dans le Fouta Toro en 1725

C'était la fin de la première vague du djihad des Peuls dans l'état du Fouta Toro.

La culture peule a continué à émerger dans la région des rivières supérieures du Niger et du Sénégal. Les Peuls ont partagé leurs terres avec d'autres groupes à proximité, comme le Soninké, qui ont contribué à la montée de l'Empire du Ghana.

Au cours du 16e siècle, le Peul élargi à travers les prairies du sahel de l'ouest vers l'est, l'expansion étant dirigés par des groupes d'éleveurs de bétail nomades.

Alors que les groupes expansionnistes initiales étaient de petite taille, ils ont rapidement augmenté en taille en raison de la disponibilité des terres de pâturage dans le sahel et des terres qu'ils bordaient immédiatement au sud.

Les expansions agricoles ont conduit à une division chez les Peuls où les individus ont été classés comme appartenant soit au groupe des agriculteurs nomades expansionnistes ou au groupe qui avait trouvé plus confortable d'abandonner les moyens traditionnels nomades et de rester dans les villes.

Cette interaction culturelle a très probablement eu lieu au Sénégal où les Toucouleurs, les Sérères et Wolofs sont étroitement liées linguistiquement, conduisant finalement à l'ethnogenèse de la culture et de la langue Peul dans une grande partie de l'Afrique Occidentale.

Les Peuls réclament aussi une origine berbère qui a traversé le Sénégal pour faire paître leur bétail au sud du fleuve Sénégal.

Trouver eux-mêmes coupés de leurs parents par les communautés négroïdes occupant maintenant la vallée du Sénégal, ils ont progressivement adopté la langue de leurs nouveaux voisins.

Comme leurs troupeaux augmentaient, de petits groupes se sont trouvés contraints de se déplacer vers l'est et plus au sud et ainsi lancé une série de migrations à travers l'Afrique de l'Ouest, qui perdure jusqu'à nos jours.

Les preuves de la migration Peul dans son ensemble, de l'Ouest à l'Est est très fragmentaire. Au 15e siècle, il y avait un flux constant d'immigrants Peuls au Nigéria.

Leur présence dans une ville tchadienne a ensuite été enregistrée au début du 16e siècle.

A la fin du 18e siècle, les colonies Peuls ont été retrouvées au Cameroun. Ils se propagent vers l'est en direction de Garoua.

Règlements et l'Islam

Sédentaires et nomades, les Peuls ont commencé à être vu comme des entités politiques distinctes, chaque groupe dirigé par un chef différent.

Le premier chef des Peuls nomades dans les plaines de Nioro était Tenguella Koli, qui s'était opposé au contrôle de l'Empire Songhaï exercé sur les terres de l'ancien Ghana.

Tenguella a mené une révolte contre l'empire en 1512. Il a été tué dans la bataille avec une armée dirigée par le frère de Askia Muhammad près de Diara au cours de la même année.

La rébellion contre la domination Songhaï a continué, cependant, lorsque le fils de Tenguella, Tenguella Koli, a conduit les guerriers de son père à travers le fleuve Sénégal, il a été rejoint par de nombreux soldats mandingues, qui avait rallié à sa cause.

Les forces combinées des Peuls et des Mandingues ont continué en avant vers Takrour.

Là, ils soumirent les chefs soninkés au pouvoir et mirent en place une nouvelle ligne de rois en 1559.

Les Peuls ont été le premier groupe de personnes en Afrique de l'Ouest à accepter l'Islam par le Djihad ou des guerres saintes et ont été en mesure de prendre en charge une grande partie de la région du Sahel, de se mettre en place, non seulement en tant que groupe religieux, mais aussi en tant que force politique et économique.

La montée de Tenguella et son fils a conduit des changements majeurs dans l'identité culturelle des Peuls : L'occupation du Fouta Toro ; Le passage d'une civilisation nomade à une société urbaine chargé des changements dans la production agricole, la construction de colonies, et la conservation de l'eau.

Domination en Afrique de l'Ouest

Pendant longtemps, les Peuls sont restés une minorité dans la plupart des régions.

De petits groupes étaient déjà familiarisés avec l'Islam qui était entré en Afrique de l'Ouest via les routes commerciales à travers le Sahara et à partir du 18e siècle, ils sont devenus une force hégémonique, politiquement dominante dans de nombreux domaines.

En outre, la situation politique qui était très instable dans le Sahel occidental, car une invasion des Marocains avait conduit à une situation anarchique.

En outre, les périodes de sécheresse sévère du 17e et 18e siècle ont négativement affecté la situation politique.

Les djihads mis en scène par les Peuls au cours des 18e et 19e siècles à travers le Sahel et dans toute l'Afrique de l'Ouest peuvent donc être interprétées comme une réaction à cette instabilité politique.

Les principaux noyaux du pouvoir des Peuls étaient dans la vallée du fleuve Sénégal, les montagnes Fouta Djalon, le delta intérieur du

Niger au Mali, le nord du Nigeria et le plateau de l'Adamaoua au Cameroun.

Entre ces grands centres, il y avait de nombreuses petites structures dominées par les Peuls dans le Gourma central de l'actuel Mali et au nord et à l'ouest du Burkina Faso (Djelgôdji, Boboola, Dori, Liptako), le nord du Bénin (Borgou), le Séné- Gambie, le nord du Sénégal (Bundu), et les parties sud et ouest de l'actuel Niger (Dallol Bosso, Birni N'Konni).

L'Empire Wassoulou ou Mandingue

Les conquérants Mandingues du 19e siècle ont fréquemment utilisé les routes commerciales établies par le dioula (commerçant en langues mandingues).

En effet, l'exploitation de leur réseau commercial a permis au chef militaire Samory Touré (1830-1900) d'atteindre une position dominante dans la région du Haut Niger.

Membre d'une famille de Dioula de Sanankoro en Guinée, Samory va soumettre avec succès les chefs locaux sous son contrôle pour officiellement fonder l'Empire Wassoulou en 1883.

Après avoir établi un Empire, il adoptera le titre religieux d'Empereur (Almami) en 1884.

Le Wassoulou était gouverné par Samory et un conseil des parents qui contrôlait la direction de la chancellerie et de la trésorerie, la justice, les affaires religieuses et les relations extérieures.

Contrairement à certains de ses États bâtisseurs contemporains, Samory n'était pas un prédicateur religieux.

Néanmoins, il a utilisé l'islam pour unifier la nation, la promotion de l'éducation islamique et en fondant son pouvoir sur la charia (la loi islamique).

Cependant, l'armée professionnelle de Samory était l'institution essentielle et la véritable force derrière son empire. Il a importé des chevaux et des armes et modernisé l'armée le long des lignes européennes.

Les Dioulas n'avaient jamais eu autant de prospérité comme au temps de Samory.

Même s'ils ne jouaient pas un rôle central dans la création de l'Etat, les Dioulas ont soutenu Samory parce qu'il a encouragé le commerce et les routes commerciales protégées, favorisant ainsi la libre circulation des personnes et des biens.

Samory a mis en place la plus forte résistance à la pénétration coloniale européenne en Afrique de l'Ouest, la lutte contre les français et les britanniques pendant dix-sept ans.

Samory a été défait par les français, qui ont pris Sikasso en 1898 et envoyé l'Empereur en exil, où il est mort en 1900.

Organisation de l'armée

L'armée de Samory était bien équipée avec des armes à feu européennes et une structure complexe d'unités permanentes.

Son armée a été divisée en une aile d'infanterie et une aile de cavalerie. En 1887, Samory avait 30.000 à 35.000 soldats (kulu en Mandingue) et 3.000 cavaliers.

La cavalerie a été divisé en groupes de 50 cavaliers (sere en Mandingue). Les kulus étaient sous le commandement d'un Kun-Tigui, ce qui signifie chef.

Dix kulus égalaient un bolo (100-200 hommes). Le bolo était une unité d'infanterie. Le bolo kun-tigui a commandé cet appareil.

L'Expansion

La campagne de Samori a balayé ses voisins et la région du Wassoulou (la frontière entre la Guinée et le Mali d'aujourd'hui).

En 1876, il avait obtenu les mines d'or Buré, et en 1878, sa position était suffisamment en sécurité pour se déclarer officiellement fama (chef militaire) d'un nouvel Empire Wassoulou.

Les conquêtes ultérieures inclus Kankan, un important centre commercial Malinké et des sections de ce qui est maintenant la Sierra Leone et le nord de la Côte d'Ivoire.

Samori a forcé les villages de se convertir à l'Islam, en prenant le titre d'Almany, le chef de tous les croyants en 1884.

Cependant, il avait conservé la plupart des traditions et des institutions locales des peuples conquis en utilisant le titre de fama (Roi).

Les Guerres Mandingues

Les guerres Mandingues étaient une série de conflits de 1883 à 1898 entre la France et l'Empire Wassoulou du peuple Mandingue dirigé par Samory Touré.

De 1880 jusqu'à sa mort, l'ambition de Samory avait toujours été opposé à l'expansion du français. Il est entré en guerre avec l'armée coloniale, les battant à plusieurs reprises, y compris une victoire notable le 2 avril 1882 à Woyowayanko face à l'artillerie lourde française.

Néanmoins, Samory a été contraint de signer plusieurs traités pour céder ses territoires à la France entre 1886 et 1889. Samory a commencé une retraite stable, mais la chute des autres armées de la résistance, en particulier Babemba Traoré à Sikasso, avait autorisé l'armée coloniale de lancer un assaut concentré contre ses forces.

Le 29 septembre 1898, il a été capturé par le commandant Goudraud français et exilé au Gabon, marquant la fin de l'Empire Wassoulou.

Le Peuple Mandingue

Le peuple Mandingue (également connu sous le nom de Malinké) est un grand groupe ethnique d'Afrique de l'Ouest avec une population mondiale estimée à 20 millions d'habitants. Ils sont les descendants de l'Empire du Mali, sous le règne du roi Malinké Soundiata Keita.

Le peuple Mandingue fait partie du plus grand groupe ethnolinguistique de l'Afrique de l'Ouest, les Dioulas, (y compris les Bambara). Aujourd'hui, plus de 90% des Mandingues en Afrique et dans le monde sont musulmans.

Les Mandingues vivent principalement en Afrique de l'Ouest, en particulier en Gambie, en Guinée, au Mali, en Sierra Leone, en Côte d'Ivoire, au Sénégal, au Burkina Faso, au Libéria, en Guinée-Bissau, au Niger et en Mauritanie.

Bien que largement répandue, les Mandingues ne forment pas le plus grand groupe ethnique dans les pays dans lesquels ils vivent, sauf en Gambie.

La plupart des Mandingues vivent dans les villages traditionnels. Les villages mandingues sont assez autonomes et autogouvernés, dirigé par un chef et le groupe des anciens.

Les Mandingues vivent dans une société orale. L'apprentissage se fait traditionnellement par des histoires, des chansons et des proverbes.

Originaire du Mali, les Mandingues ont obtenu leur indépendance des empires précédents au 13e siècle.

Ils ont émigré à l'ouest du fleuve Niger en quête de meilleures terres agricoles et de plus de possibilités de conquête. Grâce à une série de conflits, les Dihads Peuls, principalement avec l'Imamat Peul dirigée par le Fouta Djalon, environ la moitié de la population Mandingues deviendra musulmane.

Au cours du 16e, 17e et 18e siècle, de nombreux Mandingues ont été réduits en esclavage et expédiés vers les Amériques. Donc une partie importante des Afro-Américains aux États-Unis sont les descendants du peuple mandingue.

Les Mandingues ont fondé l'empire de Kaabu, comprenant vingt petits royaumes. Certains de classe supérieure ou Mandingues urbains s'étaient convertis à l'islam sous le règne du

Mansa Moussa ou Kankou Moussa (1312 à 1337), qui est considéré comme l'un des hommes les plus riches de l'Histoire, voire le plus riche du monde de tous les temps.

La majorité des Mandingues étaient encore animistes au début du 18e siècle. Grâce à une série de conflits, principalement avec l'Imamat Peul dirigée par le Fouta Djalon et parmi les sous-états du Kaabu, environ la moitié de la Sénégambie Mandingue avait été convertis à l'islam.

Dans les régions de l'Est (nord de la Côte d'Ivoire, du Burkina Faso et au sud du Mali), les communautés mandingues sont souvent construites autour des routes commerciales de longue distance.

Ces réseaux marchands forment la pierre angulaire des échanges entre les villes du désert du côté supérieur du fleuve Niger (Djenné et Tombouctou, par exemple), les zones de production des hautes terres (les champs aurifères du Bambouk ou le centre agricole de Kankan) et sur la côte.

Ce dernier lien est devenu plus important avec l'avènement des postes de la traite européenne et pendant le 17e siècle et une grande partie du commerce terrestre reliant la côte à l'intérieur (y compris la traite des esclaves africains en Afrique de l'Ouest) a été contrôlé par des commerçants dioula.

Économie

Les Mandingues sont des agriculteurs de subsistance en milieu rural qui comptent sur la culture de l'arachide, du riz, du mil, du maïs et de l'élevage à petite échelle pour leur subsistance.

Les hommes plantent les arachides et le mil, pendant que les femmes travaillent dans les champs de riz, tendant les plantes à la main.

Seulement environ 50% des besoins de consommation locale de riz sont satisfaits par la plantation ; le reste est importé de l'Asie et des États-Unis.

Le plus vieux mâle est le chef de famille et les mariages sont souvent organisées.

Les petites maisons de boue avec chaume ou forment leurs villages, qui sont organisées sur la base des groupes de clans. Alors que l'agriculture est la profession prédominante chez les Mandingues, les hommes travaillent aussi comme tailleurs, bouchers, chauffeurs de taxi, menuisiers, métallurgistes, soldats et infirmiers.

Cependant, la plupart des femmes, probablement 90%, restent à la maison, avec les enfants et les animaux.

Culture

La culture Mandingue est riche en tradition, en musique et en rituel spirituel. Les Mandingues constituent une longue tradition orale de l'histoire à travers des chansons et des proverbes.

Dans les zones rurales, l'impact de l'éducation occidentale est minime ; le taux d'alphabétisation est assez faible.

Cependant, plus de la moitié de la population adulte peut lire le français et l'arabe (y compris le Dioula) ; Les petites écoles coraniques pour les enfants sont très fréquentes. Les enfants mandingues portent toujours le nom d'une personne très importante de leur famille.

Les Mandingues ont une riche histoire orale qui se transmet par les griots. Ce passage vers le bas de l'histoire orale à travers la musique a fait de la musique un des traits les plus distinctifs du Mandingue.

Ils sont connus depuis longtemps pour leur tambour et aussi pour leur instrument de musique unique, la kora.

La kora est un instrument de guitare de 21 cordes fabriqué avec une calebasse séchée recouverte de de peau de chèvre.

Les cordes sont faites de fil de pêche (ceux-ci étaient traditionnellement fabriqués à partir de tendons de vache). Il est joué pour accompagner le chant d'un griot.

La plupart des Mandingues vivent dans les villages traditionnels. Les villages mandingues sont assez autonomes et autogouvernés, dirigés par un conseil des anciens de la classe supérieure et un chef.

Passage à l'âge adulte

Les Mandingues pratiquent un rite de passage, (Kankourang), qui marque le début de l'âge adulte pour leurs enfants.

A l'âge de quatre à quatorze ans, les jeunes ont leurs organes génitaux rituellement coupés, en groupes séparés selon leur sexe.

Dans les années passées, les enfants passaient jusqu'à un an dans la brousse mais ce qui a été réduit aujourd'hui pour coïncider avec leur temps de guérison physique, entre trois et quatre semaines.

Pendant ce temps, ils apprennent à connaître leurs responsabilités sociales adultes et des règles de comportement.

La préparation est faite dans le village et une célébration marque le retour de ces nouveaux adultes à leurs familles.

À la suite de ces enseignements traditionnels, le mariage marque la fidélité d'une femme qui reste sous l'influence des parents et sa famille ; un homme est à son propre compte.

Le Mariage

Les mariages sont traditionnellement organisés par les membres de la famille plutôt que la mariée ou le marié. Cette pratique est particulièrement répandue dans les zones rurales.

Les noix de kola (un écrou amer d'un arbre) sont officiellement envoyées par la famille du prétendant aux anciens de la mariée et si elle est acceptée, la cour commence.

La polygamie a été pratiqué parmi les Mandingue depuis l'époque préislamique.

Un homme Mandingue est légalement autorisé à avoir jusqu'à quatre épouses, aussi longtemps qu'il est en mesure de prendre soin de chacun d'elles.

Les Mandingues pensent qu'épouser plusieurs femmes est la capacité de produire beaucoup d'enfants, en particulier les fils.

La première femme a autorité sur toutes les femmes subséquentes. Le mari a un contrôle complet sur toutes ses épouses et est responsable du quotidien. Il aide également les beaux-parents des épouses si nécessaire. Les femmes devraient vivre ensemble en harmonie et en paix.

Ils partagent les responsabilités professionnelles du composé familiale, comme la cuisine, la lessive et d'autres tâches.

La Religion

Aujourd'hui, plus de 99% des Mandingues sont musulmans. Les Mandingues peuvent réciter les chapitres du Coran en arabe. Certains musulmans utilisent les religions traditionnelles africaines.

Les esprits peuvent être contrôlés principalement par la puissance d'un marabout, qui connaît les formules de protection.

Dans la plupart des cas, aucune décision importante n'est faite sans consulter un marabout.

Les marabouts, qui ont pour la plupart des cas une formation islamique, écrivent des versets coraniques sur des bouts de papier afin de les coudre dans des poches en cuir (talisman) ; ceux-ci sont portés comme amulettes protectrices.

La Kora

La kora est devenue la marque des musiciens traditionnels mandingues. La kora avec ses 21 cordes est faite à partir d'une demi-calebasse recouverte d'une peau de vache fixée par des punaises décoratives. La kora a des trous sonores dans les côtés.

Les chanteurs de louanges, dans l'appréciation de leur performance sont appelés "Djaliba" en langue mandingue.

La kora était traditionnellement utilisée comme stockage pour des faits historiques, pour mémoriser la généalogie des familles des chefs et de chanter leurs louanges, agir en tant que messagers et intermédiaires dans les conflits entre les familles, pour servir en tant que gardiens de la culture traditionnelle et pour divertir la population.

Aujourd'hui, cependant, la kora perd de son importance.

Bien qu'il soit toujours un savoir-faire transmis de père en fils, il est principalement utilisé pour divertir les gens, plus particulièrement les touristes.

Samori Touré, le Malinké

Samory Touré ou Almamy Samory Touré (1830 - juin 1900), tombé à Guélémou, actuelle Côte d'Ivoire, et décédé le 2 juin 1900 à Ndjolé, actuel Gabon, était un leader musulman guinéen et le fondateur et dirigeant de l'Empire Wassoulou.

Touré a résisté à la domination coloniale française en Afrique de l'Ouest de 1882 jusqu'à sa capture en 1898. Samory était le grand-père du premier Président Guinéen Sékou Touré.

Enfance et Jeunesse

Samory Touré est né vers 1830 à Manianbaladougou d'un père commerçant (dioula). Il a grandi en Afrique de l'Ouest, dans les territoires de l'actuel Guinée et a été formé par le renforcement des contacts et des échanges avec les européens (en matières premières et produits artisanaux).

Le commerce avec les européens avait rendu les africains riches. Le commerce des armes à feu a changé les modèles ouest-africains traditionnels de la guerre et a accru la gravité des conflits, ce qui a augmenté le nombre de décès. Au début de sa vie, Samory s'est converti à l'Islam.

En 1848, la mère de Samory a été capturé au cours de la guerre par le clan Cissé. Après avoir organisé la liberté de sa mère, Samory est entré en service et a appris à manipuler les armes à feu pendant sept ans, sept mois et sept jours avant de fuir avec sa mère.

Il a rejoint l'armée Bérété, les ennemis du clan Cissé, pendant deux ans avant de rejoindre son clan, les Kamaras.

Nommé Kélétigui (chef de guerre) en langue mandingue (dioula) en 1861, Samory a prêté serment pour protéger son peuple contre les Bérété et Cissé.

Il a créé une armée professionnelle et placé des relations étroites, notamment ses frères et ses amis d'enfance, dans des postes de commandement.

Carrière

En 1864, Oumar Tall meurt ; il avait fondé l'Empire Toucouleur agressif qui dominait le long du fleuve Niger. Comme l'état Toucouleur a perdu son emprise sur le pouvoir, les généraux et les dirigeants locaux rivalisaient pour créer leurs propres états.

En 1867, Samory était un commandant de guerre à part entière, avec une armée basée à Sanankoro. Samory avait deux objectifs principaux : créer une force efficace, loyal, équipée d'armes à feu, modernes et construire un état stable.

En 1876, Samory importait des fusils modernes à travers la colonie britannique de Freetown en Sierra Leone. Il a conquis un district minier à la frontière entre le Mali et la Guinée pour renforcer sa situation financière.

En 1878, il était assez fort pour devenir le chef militaire de son Empire Wassoulou.

Il a fait de Bissandougou sa capitale et a commencé les échanges politiques et commerciaux avec le Toucouleur voisin.

En 1881, après de nombreuses luttes, Samory a assuré le contrôle de la touche centrale de négociation dioula à Kankan.

Kankan était un centre pour le commerce des noix de kola et a été bien orientée pour dominer les routes commerciales dans toutes les directions.

En 1881, l'Empire Wassoulou s'était étendu à travers le territoire de toute la Guinée actuelle et du Mali, à partir de ce qui est maintenant la Sierra Leone et au nord de la Côte d'Ivoire.

Samory a conquis les nombreux petits états tribaux autour de lui et a travaillé pour obtenir sa position diplomatique. Il a ouvert des contacts réguliers avec l'administration coloniale britannique en Sierra Leone. Il a également construit une relation de travail avec l'Imamat Peul du Fouta Djalon.

Premières batailles avec les Français

Les français ont commencé à se développer en Afrique de l'Ouest à la fin des années 1870, en poussant vers l'est du Sénégal pour atteindre le cours supérieur du Nil dans ce qui est maintenant le Soudan. Ils ont cherché à construire leurs bases en Côte d'Ivoire.

Ces actions les mettent directement en conflit avec Samory.

En février 1882, une expédition française a attaqué l'une des armées de Samory qui a été assiégeaient Kéniéra. Samory chassa les français, mais il a été alarmé par la discipline et la puissance de feu.

Il a approché pour traiter avec les français de plusieurs façons. Tout d'abord, il a élargi le sud-ouest pour obtenir une ligne de communication avec le Libéria. En janvier 1885, il envoya une mission à Freetown, la capitale de la Sierra

Leone, offrant de mettre son royaume sous la protection britannique.

Les Britanniques ne veulent pas affronter les français à cette époque, mais ils ont permis Samory d'acheter un grand nombre de fusils modernes.

Quand une expédition française en 1885 a tenté de saisir les champs aurifères Bouré, Samory a fait la guerre.

En divisant son armée en trois colonnes mobiles, il a fait son chemin autour des lignes françaises de communication et les a forcés à se retirer rapidement.

La guerre et la défaite

En 1887, Samory avait une armée disciplinée de 30.000 à 35.000 hommes, organisée en sections et en compagnies sur le modèle européen.

Mais, les français ne voulaient pas lui donner le temps de consolider sa position en exploitant les rébellions de plusieurs tribus soumises à Samory et qui étaient animistes.

Les français continuèrent à se développer dans leurs exploitations à l'Ouest jusqu'à forcer Samory de signer plusieurs traités cédant plusieurs territoires entre 1886 et 1889.

En mars 1891, une force française sous le colonel Louis Archinard a lancé une attaque directe sur Kankan. Connaître ses fortifications ne pouvait pas arrêter l'artillerie française, Touré a commencé une guerre de manœuvre.

Malgré des victoires contre des colonnes françaises isolées (par exemple à Dabadugu en septembre 1891), Samory n'a pas réussi à repousser les français à partir du noyau de son Royaume. En juin 1892, le remplacement du colonel Archinard par Humbert a bien fourni des hommes d'élite pour capturer la capitale Bissandougou.

Dans un autre coup, les britanniques avaient cessé de vendre des chargeurs de culasse à

Samory, conformément à la convention de Bruxelles de 1890.

Samory va ensuite déplacer sa base d'opérations vers l'est, vers le Bandama. Il a institué une politique de la terre brûlée, dévastant chaque zone avant qu'il évacue. Cette manœuvre avait coupé Samory de ses dernières sources d'armes modernes.

La chute des autres armées de la résistance, en particulier celle de Babemba Traoré à Sikasso, a permis à l'armée coloniale française de lancer un assaut concentré contre Touré.

Il a été arrêté le 29 septembre 1898 par le capitaine français Henri Gouraud et fut exilé au Gabon.

Samory est mort en captivité le 2 juin 1900 suite à une longue maladie de pneumonie.

Sa tombe se trouve au mausolée de Conakry.

La Bataille de Kansala

La Bataille de Kansala ou Bataille Finale était un engagement militaire entre les forces de l'Empire Kaabu et l'Imamat de Futa Jallon.

La bataille a conduit à la fin de l'hégémonie Mandingue qui a commencé par l'Empire du Mali sur la côte atlantique de l'Afrique de l'Ouest.

Contexte

L'Empire Kaabu, qui a commencé comme un avant-poste de l'Empire du Mali dans ce qui est maintenant la Guinée-Bissau, avait imposé la loi Mandingue par force militaire et la domination économique sur une grande partie de la Haute-Guinée.

En 1537, le Kaabu se brisa complètement loin de l'Empire du Mali sous sa propre ligne de dirigeants appelée Mansaba (grand roi). Ils ont élargi leurs liens avec les Wolofs, Sérères et Peuls des territoires voisins.

En 1705, le Kaabu était le pouvoir incontesté dans la région. Il avait fait connaissance des marchands d'esclaves portugais.

Comme le temps passait, Kaabu devenait de plus en plus décadent dans leur traitement des sujets non-mandingues, en particulier les Peuls.

Fatigué de leur oppression par les païens, les Peuls musulmans rassemblés sous la bannière de l'Imamat du Fouta Djalon pour mettre fin à la domination du Kaabu.

Les attaques militaires dans le Fouta Djalon est devenu routine après 1790.

Les agressions ont entraîné la mort de Mansaba Yangi en 1849.

Les forces Kaabu

L'armée de Kaabu était généralement puissante ses voisins. Elle avait une culture de cavalerie forte héritée de l'Empire du Mali. Elle avait également utilisé des canons achetés auprès des commerçants blancs en échange d'esclaves.

La lance, l'épée, le bouclier, l'arc et les flèches n'ont jamais été entièrement remplacés.

Le plus grand inconvénient de Kaabu était le manque de main-d'œuvre fiable en raison d'une récente guerre civile entre les prétendants au trône. Il y avait encore des dissensions au sein du Kaabu et ces guerriers étaient réticents à tenir compte de la marche des Peuls sur Kansala.

Lorsque Alpha Yaya Molo Baldé, un chef peul de la région du Firdou (actuelle région de Kolda) au 19e siècle et créateur du royaume du Fouladou, au sud du Sénégal, est arrivé aux murs de la ville en bois, Janke Waali ne pouvait pas rassembler beaucoup d'hommes, pas plus de cinq mille soldats.

Mansaba Janke Waali connaissait que l'attaque avait rassemblé les autres provinces fidèles de Toumana, Kantora et Sankolla.

Il y avait une immense quantité de poudre dans l'air.

Les forces du Fouta Djalon

On sait que l'Imamat de Futa Jallon était un Etat théocratique Peul dominé par les musulmans, similaire à l'Imamat de Fouta Toro dans ce qui est aujourd'hui le Sénégal.

En septembre 1865, la guerre de Kansala a éclaté. Le Fouta Djalon a trouvé pour cause les abus des dirigeants mandingues traditionalistes.

Le Fouta Djalon a contribué pour environ 25.000 soldats à l'armée d'Alfa Molo.

Après deux ans de campagne, Alfa Molo est arrivé aux portes de Kansala avec environ 12.000 soldats.

Les forces de l'Alfa Molo avaient entouré la forteresse de Kansala pendant un mois ou trois mois.

Le 13 mai, les Mandingues ont commencé la l'offensive.

La Bataille

Pendant onze jours, les Peuls, qui ne pouvait pas apporter leur cavalerie en appui contre les murs de la forteresse, ont été tenus à distance.

En fait, un général Mandingue nommée de Kapentu qui sortit de Kansala avec seulement son bâton de marche et a été piétiné à mort par un cavalier Peul.

Ils ne réussirent pas à entrer dans la ville jusqu'à ce que Mansaba Wali, convaincu que le grand nombre d'ennemis était insurmontable, a ordonné d'ouvrir les portes. À ce stade, les femmes mandingues ont commencé à se suicider en sautant dans les puits pour éviter l'esclavage.

Mansaba Wali a ordonné à ses fils de mettre le feu à sept magasins de poudre de Kansala une fois que la ville était sera sous contrôle. Six ont été enflammé avec succès, tuant tous les défenseurs mandingues et environ 8000 de l'armée de l'Alfa Yaya.

Après la bataille

La chute de Kansala a marqué la fin de l'Empire Kaabu. L'armée Peul avait entouré Kansala si bien que les villes voisines ne pouvaient pas être mis en garde contre l'invasion.

Ils ont été mis au courant que par le bruit de la poudre à canon. Le territoire de Kaabu a été divisé en deux affluents du fait de l'allégeance au Fouta Djalon. La victoire d'Alfa Molo est considéré comme maculeuse parce que la majeure partie de ses soldats sont morts sur les murs de Kansala ou dans les explosions.

Dans l'ensemble, seulement 4.000 soldats sont revenus sur Kaabu.

Alfa Molo a continué à gouverner la région qu'il avait conquis et fait a fait de Labé sa capitale. Il est devenu plus ou moins autonomes du Fouta Djalon, tout en maintenant des liens.

Son petit royaume gravement affaibli tombera sous la domination française après la bataille de Porédaka en 1896.

Bataille de Porédaka

La bataille de Porédaka (13 Novembre 1896) était une petite guerre dans lequel les troupes coloniales françaises ont résolument pris le contrôle des dernières forces de l'Imamat du Fouta Djalon,

Contexte

Le Fouta Djalon a été l'un des derniers États indépendants en Sénégambie. En 1890, Bokar Biro a pris le pouvoir lors d'un coup de force après avoir assassiné son frère et a commencé à placer des hommes qui lui sont fidèles en position d'autorité.

Une lutte de pouvoir a commencé, dans laquelle Bokar Biro plus d'une fois perdu, a repris le pouvoir.

Les français ont décidé d'intervenir et ont envoyé une petite force exigeant un traité avec des termes qui ont favorisé leurs intérêts contre les britanniques.

Bokar Biro a fait semblant de signer le traité, mais lorsque le document a été examiné à Saint Louis, il est apparu que la place de sa signature Bokar Biro avait écrit "Bismillah", ce qui signifie « au nom de Dieu ».

La Bataille

À la fin de la saison des pluies de 1896, les français ont dépêché des troupes du Sénégal, de la Guinée et du Soudan, convergeant sur le Fouta Djalon. Une colonne française a capturé Timbo le 3 novembre 1896.

Bokar Biro a été incapable d'obtenir le soutien des chefs pour résister contre les français. Le 13 novembre 1896, Bokar Biro a mené une bataille rangée dans la plaine de Porédaka.

Il s'est opposé par une force combinée des troupes dirigé par son frère Umaru Bademba Barry.

L'artillerie française a détruit son armée.

Bokar Biro a été tué par l'explosion du canon son fils.

Après la guerre

Les français ont ensuite installé un poste à Timbo. Ils ont reconnu l'indépendance d'Alfa Yaya, un chef qui les avait pris en charge et nommé Umaru Bademba comme Almani.

Quelques mois plus tard, un traité de protectorat a été signé et en juin 1897 et Ernest Noirot est devenu premier administrateur de l'Etat.

Noirot se consacre à l'élimination de l'esclavage.

Au début, les français ont maintenu le système actuel des chefs en place mais ont enlevé tous ceux qui étaient hostiles.

En 1904, les français ont restructuré l'administration, en supprimant le pouvoir des chefs. En 1905, ils ont arrêté Alfa Yaya et l'ont envoyé en exil.

Almami

Almami ou Almamy est un titre de dirigeants musulmans d'Afrique de l'Ouest, utilisé en particulier dans les états du 19e siècle.

C'est une contraction de Commandeur des croyants ou empereur des croyants. Dans le monde arabe, Al-Muminin Amir est similaire à un Calife ou à d'autres dirigeants musulmans indépendants et souverains qui prétendent la légitimité d'une communauté de musulmans.

On a prétendu que le titre de dirigeants dans les pays et empires musulmans et est encore utilisé pour certains dirigeants musulmans.

Les célèbres Almami

Ibrahima Sori de l'Imamat du Fouta Djalon ;

Karamoko Alfa de l'Imamat de Futa Jallon ;

Bokar Biro de l'Imamat du Fouta Djalon ;

Nom propre

Ces derniers temps, le mot Almami est devenu un nom propre dans certaines régions d'Afrique de l'Ouest en l'honneur des personnages historiques connus pour ce titre.

Karamoko Alfa

Karamoko Alfa, né Ibrahime Moussa Sambegou et parfois appelé Alfa Ibrahim, mort en 1751, était un chef religieux Peul qui a mené un djihad dans l'Imamat du Fouta Djalon dans ce qui est maintenant la Guinée.

Ce fut l'un des premiers djihads Peuls qui ont établi les Etats musulmans d'Afriques occidentales.

Alfa Ba, le père de Karamoko Alfa, après avoir formé une coalition de musulmans Peul a appelé au djihad en 1725, mais est mort avant le début de la lutte.

Le djihad a été lancé autour de 1726-1727.

Après un élément crucial, concluant la victoire à Talansan, l'état a été créé lors d'une réunion de neuf provinces du Fouta Djalon.

Ibrahima Sambegou, qui est devenu connu comme Karamoko Alfa, était le souverain héréditaire de Timbo et l'un des neuf chefs. Il a été élu chef du djihad.

Sous sa direction, le Fouta Djalon est devenu le premier Etat musulman à être fondée par les Peuls. Malgré cela, Karamoko Alfa a été limitée par les huit autres chefs. Certains des autres provinces avaient plus de pouvoir laïque que Karamoko Alfa.

Karamoko Alfa a dirigé l'état théocratique jusqu'en 1748, lorsque ses dévotions excessives lui ont causé une instabilité mentale et Sori a été choisi comme chef de file.

Karamoko Alfa est mort autour de 1751 et a été officiellement remplacé par Ibrahim Sori, son cousin.

Le Fouta Djalon est une région montagneuse. Au 15e siècle, les vallées étaient occupées par des Mandingues (Soussou et Yalunka). C'est à cette époque que les éleveurs Peuls ont commencé à se déplacer dans la région pour faire le pâturage de leur bétail sur les plateaux.

Au début, ils ont accepté pacifiquement une position subordonnée au Soussou et Yalunka.

Les Européens ont commencé à établir des comptoirs sur la côte supérieure de Guinée au 17e siècle, la stimulation d'une croissance du commerce des peaux et des esclaves.

Les Peuls pastoraux ont élargi leurs troupeaux pour répondre à la demande de peaux.

Ils ont commencé à rivaliser partager la terre avec les agriculteurs et se sont intéressés à la traite des esclaves rentable.

Ils ont été de plus en plus influencés par leurs partenaires commerciaux musulmans.

Dans le dernier quart du 17e siècle, le réformateur Zawaya Nasir Al-Din a lancé un djihad pour restaurer la pureté de l'observance religieuse dans la région du Fouta Toro au nord. Même s'il a obtenu le soutien de plusieurs clans, en 1677 le mouvement avait été vaincu.

Le Djihad de Alfa Ba, le père de Karamoko

Alfa Ba, le père de Karamoko Alfa, a formé une coalition de musulmans Foulbé et a appelé au djihad en 1725 mais est mort avant le début de la lutte.

Le djihad a été lancé autour de 1726 ou 1727.

Le mouvement était essentiellement religieux, et ses dirigeants comprenait à la fois des marabouts Mandingues et Peuls.

Le djihad a également attiré certains Peuls autrefois non-musulman, qui associaient non l'islam aux traditions africaines.

Ibrahim Sori a symboliquement lancé la guerre en 1727 en détruisant le grand tambour de cérémonie du peuple Yalunka avec son épée.

Les djihadistes ont alors remporté une grande victoire à Talansan.

Une force des musulmans a vaincu une force non-musulman dix fois plus grande, tuant un grand nombre de leurs adversaires.

Après cette victoire, l'état a été créé lors d'une réunion de neuf chefs Peuls qui représentaient chacun des provinces du Fouta Djalon.

Ibrahima Sambeghu, qui est devenu connu sous le nom Karamoko Alfa, était le souverain héréditaire de Timbo et l'un des neuf Oulama (chef). Il avait été élu chef du djihad et avait pris le titre d'Almami, ou Imam. Sous sa direction, Fouta Djalon est devenu le premier Etat musulman à être fondée par les Peuls.

Karamoko Alfa a réussi à enrôler les groupes défavorisés tels que les jeunes hommes, les hors la loi et les esclaves.

Bien qu'il soit un chef religieux inspiré, Karamoko Alfa n'a pas été qualifié comme chef militaire. Ibrahim Sori avait pris ce rôle.

Politique

La structure du nouvel Etat Peul avait un Almami à sa tête, Karamoko Alfa étant le premier, avec sa capitale politique à Timbo.

Cependant, certains des autres chefs avaient plus de pouvoirs mystiques que Karamoko Alfa.

La capitale religieuse était Fougomba, où le conseil islamique a siégé.

Karamoko Alfa respectait les droits des anciens "maîtres du sol" et disait toujours que " c'est Allah qui les avait mis en place."

Malgré ce bon sens, les Imams se réservaient le droit d'attribuer les terres au peuple.

En effet, les propriétaires ont dû payer la Zakat comme une forme de loyer.

Karamoko Alfa a dirigé le pays jusqu'en 1748, lorsque Sori a été choisi comme chef son successeur.

Karamoko Alfa est mort en 1751 et a été officiellement remplacé par Ibrahim Sori.

Ibrahim Sori Mawdo avait été choisi car Alfa Sadibou, le fils de Karamoko Alfa était trop jeune.

Ibrahim Sori était un chef militaire agressive qui a initié une série de guerres.

Après de nombreuses années de conflit, Ibrahim Sori a remporté une victoire décisive en 1776 qui a consolidé le pouvoir de l'Etat Peul.

Le djihad avait atteint ses objectifs et Ibrahim Sori pris le titre de Almami.

Sous Ibrahima Sori les esclaves ont été vendus pour obtenir les munitions nécessaires pour les guerres.

Cela a été considéré comme acceptable tant que les esclaves n'étaient pas musulmans.

Le djihad a créé une offre valable d'esclaves des peuples vaincus qui auraient entamer d'autres conquêtes.

La classe dirigeante des Peuls était devenu des riches propriétaires d'esclaves et marchands d'esclaves. Les villages d'esclaves ont été fondées.

À une époque, plus de la moitié de la population étaient des esclaves.

Le djihad au Fouta Djalon a été suivie par un djihad dans le Fouta Toro entre 1769 et 1776 dirigé par Souleyman Baal.

Le plus grand des djihads Peuls était dirigée par le savant Ousman dan Fodio et avait établi le Califat de Sokoto en 1808.

L'état de Peul de Masina a été créé au sud de Tombouctou en 1818.

Karamoko Alfa est aujourd'hui considéré comme un saint.

Bokar Biro ou Boubacar Biro

Bokar Barry Biro ou Boubacar Biro (décédé le 13 novembre 1896) était le dernier souverain indépendant de l'Imamat du Fouta Djalon. Il est mort dans la bataille de Porédaka, quand ses forces ont été détruites par l'artillerie française.

À la fin du 19e siècle, les français étaient la puissance coloniale dominante dans la région.

Ils étaient en colère parce que le Fouta Djalon soutenait l'Empire Wassoulou de Samori, qui a également été un résistant contre le contrôle français.

En 1889, les Britanniques ont fait un traité avec les français qui reconnaissait que Fouta Djalon était dans la sphère française.

Cependant, les Britanniques de Freetown en Sierra Leone ont continué à accorder des subventions aux Fouta Djalon jusqu'en 1895.

Almami du Fouta Djalon

Bokar Biro appartenait à la faction Soriya. Sa base était Timbo, la capitale du Fouta Djalon.

En 1890, le long règne de l'Almami Ibrahima Sori a pris fin avec sa mort, déclenchant une lutte de pouvoir. Le Conseil des Anciens choisi le frère aîné de Bokar Biro en tant que dirigeant.

Bokar Biro a pris le pouvoir lors d'un coup de force après avoir fait assassiné son frère. Ensuite, il avait commencé à placer des hommes qui lui étaient fidèles en position d'autorité.

Bokar Biro a dû faire face à des luttes entre les factions politiques Alfaya et Soriya et à des tentatives de coup de force organisées par les dirigeants des provinces Labé, Timbi et Fougomba pour obtenir une plus grande autonomie.

En juillet 1892, Bokar Biro a été contraint de céder le pouvoir à Amadou de la faction Alfaya, avant de reprendre le pouvoir à nouveau en juin 1894.

Certains des chefs ont demandé l'aide française pour le renverser.

Alpha Yaya Diallo avait aussi commencé la manœuvre pour l'indépendance totale de sa province.

Le 13 décembre 1895, les chefs mécontents dirigés par Modi Abdoulaye Doukouré ont attaqué Bokar Biro.

Plusieurs semaines plus tard, la plupart des gens pensaient que Bokar Biro était mort.

Bokar Biro restera à Keebou, à la frontière ouest de la province Timbi.

Il avait ensuite réussi à rassembler une nouvelle armée de 1.500 soldats avec lesquels il vaincra ses ennemis le 2 février 1896.

Intervention française

En 1894, les français ont envoyé Raoul de Beeckman comme leur représentant pour rencontrer Bokar Biro afin de signer un traité.

En mars 1895, Beeckman avait déjà passé près de trois mois à la frontière du Fouta Djalon en cherchant d'organiser une réunion.

Sans autorisation, l'administrateur français a franchi la frontière et attaqué le village de Nanso, près de Demoukoulima, qu'il accusait avoir pillé une caravane appartenant à un allié français.

L'un des anciens du village a été tué.

Cet incident a alimenté les hostilités de Bokar Biro qui avait accusé les français de terroriser la population, y compris la suppression du commerce des esclaves avec le Soudan et le refus de faire retourner les esclaves fugitifs.

Il a également suspecté les visites des agents français sur le prétexte de la négociation ou de faire des études topographiques.

Le 18 mars 1896, Beeckman est arrivé à Timbo, la capitale du Fouta Djalon, avec un détachement de troupes.

Les français ont demandé le droit de construire des routes à travers le Fouta Djalon pour installer un représentant à Timbo et un monopole commercial.

Bokar Biro a résisté mais a finalement fait semblant de signer le traité.

Une fois que s'était clair que Bokar Biro n'avait pas l'intention de céder aux demandes françaises, ces derniers vont décider de recourir à la force une fois la saison des pluies passée.

Les troupes françaises se retirent temporairement dans Sangoya.

Bokar Biro va ensuite initier une politique agressive anti-française.

Ainsi, lorsque son mandat d'Almami prendra fin en avril 1896, il refusera de quitter le pouvoir.

La lutte du pouvoir avait dégénéré avec des incidents violents et une guerre civile avec des appels à l'aide pour combattre les français.

Bokar Biro a été incapable d'obtenir le soutien des chefs pour résister à la française.

Le 13 novembre 1896 Bokar Biro avait mené une bataille rangée dans la plaine de Porédaka.

L'artillerie française va détruire son armée.

Bokar Biro a été rapidement capturé par des soldats français et décapité avec son fils.

Contexte Politique

La période coloniale

La période coloniale de la Guinée a commencé par une pénétration militaire française dans la région au milieu du 19e siècle. La domination française a été assurée par la défaite en 1898 des armées de Samori Touré, Empereur Wassoulou et leader du peuple Mandingue.

La France a négocié des limites actuelles de la Guinée à la fin du 19e et au début du 20e siècle avec les Britanniques et les Portugais.

Sous les français, la Guinée a été intégrée au sein de l'Afrique Occidentale Française (AOF), administrée par un gouverneur général résident à Dakar.

Afrique Occidentale Française (AOF)

L'Afrique Occidentale Française (AOF) était une fédération de huit territoires coloniaux français en Afrique de l'Ouest : la Mauritanie, le Sénégal, le Soudan (actuel Mali), la Guinée Française, la Côte-d'Ivoire, la Haute-Volta (aujourd'hui Burkina Faso), le Dahomey (maintenant Bénin) et le Niger.

La capitale de la fédération était Dakar (Sénégal). La fédération a existé de 1895 à 1960.

Histoire

Jusqu'à la fin de la Seconde Guerre mondiale presque tous les africains vivant dans les colonies de la France n'étaient pas encore des citoyens de Français.

Au contraire, ils étaient des «sujets français», manquant des droits devant la loi : les droits de propriété, les droits de voyager, et la dissidence ou le vote.

Sauf dans les quatre communes du Sénégal : ces zones avaient été des villes de la petite colonie du Sénégal en 1848. Après l'abolition de l'esclavage par la Deuxième République française, tous les résidents ont obtenu des droits politiques égaux.

Toute personne en mesure de prouver qu'il est né dans la petite colonie du Sénégal était légalement français. Ils pouvaient voter aux élections législatives qui avait été précédemment dominé par les résidents blancs et métis du Sénégal.

Les quatre communes du Sénégal étaient en droit d'élire un député pour les représenter au Parlement français des années 1848-1852, 1871-1876 et 1879-1940.

En 1914, le premier africain, Blaise Diagne, a été élu pour le Sénégal au Parlement français.

En 1916, Diagne avait mis en place une loi (Loi Blaise Diagne) accordant la pleine citoyenneté à tous les résidents des Communes.

En retour, il avait promis d'aider à recruter des millions d'Africains pour se battre pendant la Première Guerre mondiale.

Par la suite, tous les africains noirs de Dakar, Gorée et Saint-Louis pouvaient voter pour envoyer un représentant à l'Assemblée nationale française.

Ces zones conquises étaient généralement régies par des officiers de l'armée française et surnommé « territoires militaires ».

À la fin des années 1890, le gouvernement français a commencé à freiner l'expansion territoriale de ses colonies et a transféré tous les territoires à un seul gouverneur basé au Sénégal, qui relève directement du Ministre des Affaires d'outre-mer.

Le premier gouverneur général du Sénégal a été nommé en 1895 et en 1904, les territoires qu'il avait supervisés ont été officiellement nommé Afrique Occidentale Française (AOF).

L'Afrique Centrale aura plus tard le siège de sa propre fédération d'Afrique équatoriale française (AEF).

Après la chute de la France en juin 1940 et les deux batailles de Dakar contre les Forces Françaises Libres en juillet et septembre 1940, les autorités en Afrique de l'Ouest avaient déclaré allégeance au régime de Vichy, tout comme la colonie française AEF.

Alors que ce dernier est tombé à la France libre après la bataille de novembre 1940, l'Afrique de l'Ouest restera sous contrôle de Vichy jusqu'au débarquement des alliés en Afrique du Nord en novembre 1942.

Après la Seconde Guerre mondiale, le gouvernement français a commencé un processus d'extension des droits politiques limités dans ses colonies.

En 1945, le gouvernement provisoire français a alloué dix sièges à l'Afrique Occidentale Française (AOF) dans la nouvelle Assemblée constituante appelée à rédiger une nouvelle Constitution française.

Les élections ont porté au premier plan une nouvelle génération d'Africains français instruits.

Le 21 octobre 1945, six (6) africains ont été élus : Lamine Gueye, Léopold Sédar Senghor, Félix Houphouët-Boigny, Sourou-Migan Apithy, Fily Dabo Sissoko et Yacine Diallo pour la Guinée.

Ils ont tous été réélus à la 2ème Assemblée constituante le 2 juin 1946.

En 1946, la Loi Lamine Gueye a accordé certains droits de citoyenneté limitées aux indigènes des colonies africaines.

L'Empire français a été rebaptisé Union Française le 27 octobre 1946, lorsque la nouvelle constitution de la IVe République française a été établie.

À la fin de 1946, sous cette nouvelle constitution, chaque territoire avait pour la première fois ses propres représentants locaux élus dans les Conseils généraux.

Ces organes élus n'avaient que des pouvoirs consultatifs.

Les premières élections au suffrage universel en Afrique occidentale française étaient les élections municipales de fin 1956.

Le 31 mars 1957, les élections de l'Assemblée territoriales ont eu lieu dans chacune des huit colonies. Les dirigeants des partis gagnants ont été nommés aux postes nouvellement institués avec des vice-présidents et des conseils.

La Constitution de la Ve République française de 1958 a de nouveau changé la structure des colonies de l'Union française à la Communauté française.

Chaque territoire devait devenir un «Protectorat», avec une Assemblée Consultative nommée.

Le gouverneur nommé par les français a été rebaptisé le «Haut Commissaire».

L'Assemblée nommerait un Africain en tant que chef du gouvernement avec des pouvoirs consultatifs de chef de l'Etat.

Légalement, la fédération a cessé d'exister après le référendum de 1958.

Toutes les colonies, sauf la Guinée, ont voté pour rester dans la nouvelle structure. Les Guinéens ont voté massivement pour l'indépendance.

Les modifications territoriales

La structure administrative des possessions coloniales françaises en Afrique de l'Ouest, alors que plus homogène que les voisins britanniques, a été marquée par la variété.

Tout au long de l'histoire de l'AOF, des colonies individuelles et des territoires militaires ont été réorganisés de nombreuses fois.

La Seconde Guerre mondiale et l'adoption de la Loi Cadre de 1956 ont restructuré radicalement l'administration des colonies.

Structure fédérale

En théorie, le gouverneur général de l'AOF relevait directement du ministre des Colonies à Paris, alors que les colonies et les territoires dépendaient de Dakar.

Créé à l'origine en 1895, la fédération a été placée sur une base permanente en 1904.

Un gouverneur général était basé à Saint-Louis, puis à Dakar à partir de 1902.

L'AOF a ensuite étendu les territoires français vers ses voisins : le Dahomey a été ajouté en 1904, après avoir été mis sous tutelle coloniale en 1892 ; La Mauritanie en 1920 et la Haute-Volta qui avait été divisé à partir du Soudan français par décret colonial en 1921.

En 1904, à la fois la Mauritanie et le Niger ont été classés « territoires militaires »: gouverné par l'AOF en collaboration avec les agents des forces coloniales françaises.

Administration Coloniale

Chaque colonie de l'Afrique Occidentale Française (AOF) a été administré par un lieutenant-gouverneur, responsable devant le gouverneur général de Dakar.

Seul le gouverneur général recevait des ordres de Paris, par l'intermédiaire du ministre des Colonies. Le ministre, avec l'approbation de l'Assemblée Nationale Française, choisissait les Lieutenants Gouverneur et les Gouverneurs généraux.

Gouverneurs généraux

Voici la liste des gouverneurs de l'Afrique Occidentale Française (AOF) :

Du 16 juin 1895 au 1 novembre 1900, Jean Baptiste ;

Du 1 novembre 1900 au 26 janvier 1902, Noël Eugène Ballay ;

Du 26 janvier 1902 au 15 mars 1902, Pierre Paul Marie Capest ;

Du 15 mars 1902 au 15 décembre 1907, Ernest Roume ;

Du 15 décembre 1907 au 9 mars 1908, Martial Henri Merlin ;

Du 9 mars 1908 au 13 juin 1915, Amédée William Merlaud-Ponty ;

De janvier 1912 à août 1912, Marie François Joseph Clozel ;

Du 14 juin 1915 au 3 juin 1917, Marie François Joseph Clozel ;

Du 3 juin 1917 au 22 janvier 1918, Joost van Vollenhoven ;

Du 22 janvier 1918 au 30 juillet 1919, Gabriel Louis Angoulvant ;

Du 30 juillet 1919 au 16 septembre 1919, Charles Désiré Auguste Brunet,

Du 16 septembre 1919 au 18 mars 1923, Martial Henri Merlin ;

Du 18 mars 1923 au 15 octobre 1930, Jules Gaston Henri Carde ;

Du 15 octobre 1930 au 27 septembre 1936, Joseph Jules Brévié ;

Du 27 septembre 1936 au 14 juillet 1938, Marcel de Coppet ;

Du 14 juillet 1938 au 29 octobre 1938, Léon Geismar ;

Du 29 octobre 1938 au 10 août 1939, Pierre François Boisson ;

Du 10 août 1939 au 25 juin 1940, Léon Henri Charles Cayla,

Du 25 juin 1940 au 13 juillet 1943, Pierre François Boisson ;

Du 13 juillet 1943 au 2 avril 1946, Pierre Charles Cournarie ;

De Mai 1946 au 27 janvier 1948, René Victor Marie Barthès ;

Du 27 janvier 1948 au 24 mai 1951, Paul Béchard ;

Du 24 mai 1951 au 21 septembre 1952, Paul Louis Gabriel Chauvet ;

Du 21 septembre 1952 au 5 juillet 1956, Cornut-Gentille Bernard ;

Du 5 juillet 1956 au 4 avril 1957, Gaston Custin ;

Du 4 avril 1957 à juillet 1958, Gaston Custin ;

De juillet 1958 au 22 Décembre 1958, Pierre Messmer.

Conseil de l'Afrique Occidentale Française

A partir de 1946, un Grand Conseil de l'Afrique occidentale française avait été créé à Dakar.

Deux représentants de chaque colonie, généralement le lieutenant-gouverneur et un représentant de la population, étaient représentés dans ce conseil.

Ce conseil n'avait que des pouvoirs consultatifs sur le bureau du gouverneur général.

Le fonctionnement de ces organes reposait sur le code juridique de l'indigénat de 1885.

Administration Locale

Malgré cet état de flux et à l'exception des communes sénégalaises, la structure administrative de la domination française aux niveaux inférieurs est restée constante.

Cette administration coloniale était toujours dirigée par un officier européen.

Un commandant de Cercle pouvait être l'autorité absolue des centaines de milliers d'Africains.

Les Cercles

Un Cercle se composait de plusieurs cantons, dont chacun à son tour se composait de plusieurs villages.

Le commandant de cercle a été soumis à l'autorité d'un chef de district et au gouvernement de la colonie, mais était indépendante sur le plan militaire.

Il a fait usage d'un grand nombre de fonctionnaires, employés et officiers africains, de toutes les unités militaires détachés par les autorités gouvernementales et des sous-administrateurs tels que les inspecteurs.

En raison de la pratique administrative et l'isolement géographique, les commandants avaient beaucoup de pouvoir sur la vie des africains. Les commandants ont également eu un énorme pouvoir sur la vie économique et politique de leurs territoires.

Légalement, tous les africains en dehors des quatre communes du Sénégal étaient des «sujets» dans le cadre du code juridique de l'indigénat de 1885.

Ce code a donné des pouvoirs sommaires aux administrateurs français, y compris les droits d'arrêter, punir et d'emprisonner les africains. Il a également donné aux collectivités locales françaises le droit de réquisitionner le travail forcé, généralement limitée aux hommes valides pour quelques semaines par an mais en pratique, ayant peu de restrictions.

Chaque nouveau commandant de Cercle pouvait apporter avec lui de vastes projets de développement et la restructuration de la vie des gens qu'il gouvernait.

Les Chefs

Une autre fonction officielle particulière à l'administration française était le «chef». Ceux-ci étaient des africains nommés par les autorités françaises pour leur fidélité à la France, quels que soit le pouvoir local.

Ces chefs ont été assignés des territoires créés en fonction de l'échelle d'un canton, ainsi que sur les structures tribales à petite échelle.

Le canton, alors, était beaucoup plus petit et qualitativement différent.

Ils ont été décorés Chefs de canton et Chefs de Village selon l'ensemble de la structure française.

Le Sultan d'Agadez et le Sultan de Damagaram sont des exemples de "Chefs de canton".

Mais même ces dirigeants ont été remplacés par des individus triés sur le volet par les autorités françaises.

Quelle que soit la source, les chefs ont obtenu le droit d'armer un petit nombre de gardes, de récolter des impôts et des "droit coutumier".

En général, les chefs de canton ont servi à la demande de leur commandant de Cercle.

Géographie

Avec une superficie de 4,689,000 kilomètres carrés, la fédération comptait plus de 10 millions d'habitants à sa création et quelque 25 millions lors de sa dissolution.

L'AOF inclus tous de la vallée du fleuve Sénégal, la majeure partie de la vallée du fleuve Niger et la plupart de la région du Sahel ouest-africaine.

Elle comprenait également les forêts tropicales en Côte-d'Ivoire et en Guinée, les hauts plateaux du Fouta Djalon et les montagnes du Niger moderne.

Les Territoires

Côte d'Ivoire

Dahomey (actuellement Bénin)

Soudan français (actuellement Mali)

Guinée

Mauritanie

Niger

Sénégal

Haute-Volta (actuellement Burkina Faso)

Togo français (actuellement Togo)

La décolonisation et l'indépendance

La décolonisation est le processus d'émancipation des colonies. Elle a conduit le plus gentiment à l'indépendance des peuples dans les colonies.

Elle a commencé en 1775 en Amérique, mais c'est surtout au lendemain de la Seconde Guerre mondiale que le mouvement a vraiment pris de l'ampleur avec les premiers leaders nationalistes du 20e siècle.

La guerre d'indépendance des États-Unis est souvent considérée comme le premier mouvement de décolonisation. Les américains vont eux-mêmes s'en réclamer ultérieurement d'avoir encouragé l'indépendance des colonies européennes et espagnoles.

La décolonisation par l'indépendance consiste à reconnaitre la pleine souveraineté d'une ancienne colonie.

Les mouvements de décolonisation ont travaillé ensemble pour l'autonomie interne de l'Afrique.

Le Rassemblement démocratique africain (RDA) de Félix Houphouët-Boigny en Afrique noire française et les autres sont des exemples de mouvements de décolonisation.

Le processus d'émancipation des colonies françaises d'Afrique noire a été lent parce que les revendications des africains avaient été limitées par les puissances coloniales.

En effet, après la seconde Guerre Mondiale, un nouveau parti voit le jour dans les colonies françaises d'Afrique noire, sauf au Sénégal.

Le Rassemblement démocratique africain (RDA) a utilisé le droit de vote attribué aux indigènes des ex-colonies par la Constitution de 1946 pour former des groupes parlementaires.

Ensuite avec la loi-cadre Defferre de 1956, plusieurs décrets ont été adoptés.

Par la suite, en 1958, le RDA vote sur la nouvelle constitution de la 5e République, sauf la Guinée.

Au cours de trois (3) mois, toutes les assemblées des colonies d'Afrique et de Madagascar adopteront le statut d'États autonome

Quant à la Guinée, elle est devenue indépendante, après sa réponse immédiate au référendum sous l'influence du Président Ahmed Sékou Touré.

Mais la communauté française de 1958 ne va pas durer longtemps sous sa forme fédérative.

En effet tous les membres vont accéder à l'indépendance en 1960 par la négociation mais tout en gardons des bons liens de coopération avec la France.

Lors du référendum de septembre 1958, la Guinée était le seul pays d'Afrique francophone à refuser la proposition du général de Gaulle, concernant l'intégration des Colonies de l'AOF au sein d'Une Communauté française.

Ce qui avait entrainé la rupture immédiate des relations politiques et économiques avec la France.

L'indépendance de la Guinée fut proclamée le 2 octobre 1958.

Parti démocratique de Guinée (PDG)

Le Parti démocratique de Guinée (PDG) a été fondé comme une branche du Rassemblement Démocratique Africain (RDA) en Juin 1947.

Le 19 octobre 1958, le parti a rompu ses liens avec la RDA, les autres membres qui ont appuyé une union plus étroite avec la France.

Le chef du parti, Sékou Touré, est devenu le premier Président du pays. Deux ans plus tard, le PDG était désormais le seul parti légal dans le pays.

En tant que président du PDG, Touré était le seul candidat à la présidence de la République et en tant que tel, a été élu sans opposition à quatre mandats de sept ans.

Après la chute du régime Touré en 1984, le PDG a été dissous.

En 1960, Touré avait déclaré que son Parti démocratique de Guinée (PDG) était le seul parti légal, bien que le pays ait effectivement été un Etat à parti unique depuis l'indépendance.

Pour les 24 prochaines années, Touré détenait tous les pouvoirs régissant la nation. Il a été élu pour un mandat de sept ans en tant que président en 1961 et en tant que leader du PDG.

Il a été réélu sans opposition en 1968, 1974 et 1982.

Pendant sa présidence, les politiques ont été fortement basées sur le marxisme, avec la nationalisation des entreprises étrangères et des plans économiques centralisés.

Il a remporté le Prix Lénine de la Paix en 1961. La plupart de ceux qui sont opposés activement à son régime socialiste ont été arrêtés puis emprisonnés ou exilés.

Ses premières actions étaient de rejeter les français en restituant les terres agricoles aux propriétaires traditionnels. Mais l'échec croissant de son gouvernement pour fournir soit des opportunités économiques ou des droits démocratiques au peuple a entrainé la colère.

Alors qu'il est encore vénéré dans une grande partie de l'Afrique, dans le mouvement panafricain et par des activistes dans le monde, Touré était devenu un leader critiqué pour son échec d'instaurer une véritable démocratie et des médias libres.

L'opposition à la règle du parti unique a grandi lentement et ses adversaires avaient souvent deux choix : se soumettre ou aller à l'étranger.

Touré a dit que l'Afrique avait beaucoup perdu pendant la colonisation et que l'Afrique devrait riposter en coupant les liens avec ses anciens colonisateurs comme France.

Cependant, en 1978, les relations de la Guinée avec l'Union soviétique avaient changé et comme un signe de réconciliation, le Président de la France Valéry Giscard d'Estaing avait visité la Guinée, la première visite d'Etat d'un président français.

Tout au long de son pouvoir, Touré a maintenu de bonnes relations avec plusieurs pays socialistes.

Cependant, l'attitude de Touré vers la France n'a pas été généralement bien reçu par certains pays africains comme la Côte d'Ivoire qui avait fini par rompre ses relations diplomatiques avec la Guinée.

Malgré cela, la position de Touré a gagné le soutien de nombreux mouvements nationalistes et panafricains.

Les alliés de Touré dans la région étaient le Présidents Kwame Nkrumah du Ghana et Modibo Keita du Mali.

Après que Nkrumah fut renversé par un coup d'Etat 1966, Touré lui avait offert l'asile en Guinée et lui avait aussi donné le titre honorifique de Vice-Président.

En tant que leader du mouvement panafricaniste, Touré s'était toujours prononcé contre les puissances coloniales et avait lié des liens amicaux avec les activistes afro-américains tels que Malcolm X, à qui il a offert l'asile.

Avec Nkrumah, Touré a contribué à la formation de l'Union Africaine et a aidé les guérilleros du Parti africain pour l'indépendance de la Guinée et du Cap-Vert (PAIGC) du leader Amílcar Lopes da Costa Cabraldans dans leur lutte contre le colonialisme portugais en Guinée-Bissau.

Les portugais ont lancé une attaque sur Conakry en 1970 afin de sauver des prisonniers de guerre portugais, renverser le régime de Touré et détruire les bases du PAIGC.

Ils ont réussi leur attaque mais n'ont pas réussi à déloger le régime de Touré.

Les relations avec les États-Unis étaient très bonnes au cours du règne de Touré.

Touré est venu à considérer le Président John F. Kennedy comme un ami et un allié.

Il a dit que Kennedy était son "seul vrai ami dans le monde extérieur".

Il a été impressionné par l'intérêt de Kennedy dans le développement et l'engagement des africains pour les droits civiques aux États-Unis.

Ses relations avec Washington se sont détériorées, après la mort de Kennedy.

Quand une délégation guinéenne a été emprisonné au Ghana après le renversement de Nkrumah, Touré a accusé Washington.

Il craignait que la Central Intelligence Agency (CIA) complote contre son propre régime.

Au cours des trois premières décennies de l'indépendance, la Guinée a développé un Etat socialiste qui a fusionné les fonctions du Parti démocratique de Guinée (PDG) avec les différentes institutions du gouvernement, y compris la bureaucratie étatique.

Cette union parti-Etat avait un contrôle quasi complet sur la vie économique et politique du pays.

La Guinée a expulsé une force militaire des États-Unis en 1966 en raison de leur implication présumée dans un complot visant à renverser le pouvoir.

Des accusations similaires ont été dirigés vers la France ; les relations diplomatiques ont été rompues en 1965 et Touré ne les avaient pas renouvelées jusqu'en 1975.

Entre 1969 et 1976, selon Amnesty International, 4.000 personnes ont été détenus pour des raisons politiques.

Après qu'un complot Peul présumé visant à assassiner Touré ait été divulgué en mai 1976, Diallo Telli, un ancien ministre et ancien premier Secrétaire général de l'Organisation de l'Unité

Africaine (OUA), avait été arrêté et envoyé en prison. Il est mort sans procès en novembre de cette même année.

En 1977, des manifestations contre la politique économique du régime qui traitait durement les opérations non autorisées ont conduit à des émeutes dans lequel trois gouverneurs régionaux ont été tués.

Touré a répondu par des restrictions sur le commerce, en offrant l'amnistie aux exilés (des milliers d'entre eux sont retournés) et en libérant des centaines de prisonniers politiques.

Au fil du temps, Touré a arrêté et emprisonné un grand nombre d'opposants politiques dans des camps tels que le triste célèbre Camp Mamadou Boiro.

Quelque 50.000 personnes auraient été tuées sous le régime de Touré dans les camps de concentration.

Une fois que la Guinée a commencé son rapprochement vers la France à la fin des années 1970, Touré a formellement renoncé au Marxisme et rétablit le commerce avec l'Occident.

Les élections uniques pour une Assemblée nationale élargie ont eu lieu en 1980. Touré a été élu sans opposition à un quatrième mandat de sept ans en tant que président le 9 mai 1982.

Une nouvelle constitution a été adoptée ce mois, et Touré a visité les États Unis.

Cela faisait partie de son changement sur la politique économique qui l'a amené à chercher des investissements de vers l'Ouest afin de développer les énormes réserves minérales de la Guinée.

Des mesures a une plus grande libéralisation économique ont été annoncées en 1983.

Touré est décédé le 26 mars 1984 pendant son traitement cardiaque à Cleveland aux États-Unis.

Le Premier ministre Louis Lansana Béavogui est devenu président par intérim, en attendant les élections qui devaient avoir lieu dans les 45 jours.

Le Bureau politique du PDG devait nommer le successeur de Touré le 3 avril 1984.

En vertu de la constitution, le nouveau chef du PDG aurait automatiquement été élu à un mandat de sept ans en tant que président de la République.

Le Coup d'Etat militaire de 1984

Lansana Conté et le Comité Militaire de Redressement National (CMRN)

Quelques heures avant la réunion qui devait nommer le successeur de Touré le 3 avril 1984, une dictature militaire dirigée par le Colonel Lansana Conté a pris le contrôle de la Guinée.

Ils ont dénoncé les dernières années du règne de Touré comme une dictature sanglante et impitoyable.

La constitution a été suspendue, l'Assemblée nationale dissoute et le PDG aboli.

Le Colonel Lansana Conté, le leader du coup d'Etat, a assumé la présidence le 5 avril, à la tête du Comité Militaire de Redressement National (CMRN).

En 1985, Conté a profité d'une tentative de coup d'Etat présumé pour arrêter et exécuter plusieurs proches collaborateurs de Sékou Touré.

Avec Conté comme président, le CMRN a entrepris de démanteler le régime oppressif de Touré, l'abolition de la constitution autoritaire, la dissolution du parti unique, en annonçant la création d'une autre République.

Le nouveau gouvernement a libéré tous les prisonniers politiques et choisi la protection des droits de l'homme.

Afin d'inverser le déclin économique sous le régime de Touré, le CMRN a réorganisé le système judiciaire, l'administration décentralisée, promue les entreprises privées et a encouragé les investissements étrangers.

En 1990, les Guinéens ont approuvé par référendum une nouvelle constitution qui a inauguré une nouvelle République et a établi une Cour suprême.

En 1991, le CMRN a été remplacé par un corps militaire et civile mixte, le Conseil de transition pour le redressement national (CTRN), avec comme président Conté et le mandat de gérer une transition de cinq ans à un régime civil complet.

La CTRN a rédigé des lois pour créer des institutions républicaines et fournir aux partis politiques des élections libres.

Les activités des partis politiques ont été légalisées en 1992, alors que plus de 40 partis politiques ont été officiellement reconnus pour la première fois.

La première élection présidentielle multipartite tenue depuis l'indépendance a été effectuée le 19 décembre 1993. Conté, candidat du Parti nouvellement formé de l'unité et du progrès (PUP), a remporté 51,7% des voix-juste pour éviter un second tour.

Alpha Condé du Rassemblement du peuple de Guinée (RPG), a terminé deuxième avec 19,6% des voix.

Malgré l'engagement déclaré de Conté à la démocratie, son régime est resté autoritaire.

Cependant, il y a eu beaucoup moins de dictature que Touré et pour la plus grande partie de son règne était beaucoup doux.

Le gouvernement de Conté a survécu de justesse le 2 février 1996 aux tentatives de coup d'Etat qui pendant plusieurs mutineries de l'armée à cause du paiement des salaires.

Plusieurs dizaines de civils avaient été tués et la résidence présidentielle avait subi des dommages importants.

Pendant la deuxième élection présidentielle multipartite de la Guinée qui s'est tenue le 14 décembre 1998, Conté a remporté un nouveau mandat de cinq ans avec 56,1% des voix.

Les résultats avaient été considérés comme transparents par les observateurs.

En novembre 2001, un référendum qui avait levé la limitation des mandats présidentiels et étendait le mandat de cinq à sept ans avait été soutenu par 98,4% des électeurs. Ces résultats, cependant, ont été rejetés par les partis d'opposition.

Conté a remporté une troisième élection présidentielle tenue le 21 Décembre 2003 avec 95,6% des voix.

Il a prêté serment le 19 janvier 2004 et a promis de lutter contre la corruption.

Le 19 janvier 2005, des coups de feu auraient été tirés sur son cortège dans Conakry, lors ce qui était apparemment une tentative d'assassinat.

Un garde du corps aurait été blessé.

Conté, qui n'avait pas été blessé, est allé à la radio et la télévision d'Etat ce soir-là pour dire qu'il avait survécu parce que Dieu n'avait pas encore décidé que c'était son temps de mourir.

Le lendemain matin, il a fait une apparition publique pour prier.

Lors d'une visite en France avec sa famille en 2005, le Premier ministre François Lonseny Fall a démissionné et a demandé l'asile.

Il se plaignait de la corruption et de l'irresponsabilité croissante du pouvoir.

Le successeur de Fall, Cellou Dalein Diallo, a dirigé le Gouvernement jusqu'en avril 2006.

Conté n'a pas réussi à nommer un nouveau Premier ministre jusqu'à la fin de janvier de 2007.

En avril 2006, il avait été transporté au Maroc pour un traitement médical.

La plupart des gens attendaient qu'il ne revienne pas vivant. Puis en mai 2006, des émeutes à Conakry sur le prix du riz et du carburant ont conduit à une vingtaine de décès par les forces de sécurité.

En août 2006, il a de nouveau été en Suisse pour un traitement médical.

Pendant ce temps, Henriette Conté, la première femme du président, a été accusé de bafouer l'Etat de droit et en profitant de l'incapacité physique et mentale du Président pour abuser de son pouvoir.

Dans une interview avec des journalistes en octobre 2006, Lansana Conté a dit qu'il avait l'intention de rester à la présidence jusqu'à la fin de son mandat de sept ans.

Conté a également dit qu'il était à la recherche d'un remplaçant qui aime le pays et le protège contre ses ennemis.

La Guinée sous Lansana Conté était alors le deuxième pays le plus corrompu au monde.

Ceci était un sujet de préoccupation pour les entreprises étrangères qui avaient l'intention d'investir en Guinée (par exemple pour exploiter ses vastes réserves de bauxite).

En janvier 2007, une grève nationale générale a eu lieu pour protester contre le pouvoir continu de Conté.

La grève a continué pendant plus de deux semaines, au cours de laquelle des centaines de milliers de manifestants ont défilé dans les rues.

Au cours des deux premières semaines, la répression sauvage de la garde présidentielle et des autres forces de sécurité ont fait au moins vingt morts.

La grève a pris fin suite à un accord entre Conté et les syndicats, selon lequel un nouveau Premier ministre serait nommé.

Le 9 février, Conté a nommé Eugène Camara, qui avait été ministre d'État, en tant que Premier ministre ; ce qui a été rejeté par l'opposition et la violence généralisée a éclaté après sa nomination.

La grève a repris le 12 février mais le 25 février Conté a accepté de signer un accord pour mettre fin à la grève.

Le 26 février, il nomme un nouveau Premier Ministre, Lansana Kouyaté, à partir d'une liste d'individus choisis par les syndicats et les représentants de la société civile.

Le 20 mai 2008, Conté nommera un nouveau Premier Ministre Ahmed Tidiane Souaré en remplacement de Kouyaté.

Kouyaté a été largement considéré comme une déception dans son rôle de Premier Ministre et son impopularité signifiait que son licenciement n'a pas été accueilli avec agitation.

Grâce à ce licenciement et la nomination de Souaré, qui était considéré comme proche de Conté, Conté a vu sa position renforcée.

Dans les premières heures du 23 décembre 2008, Aboubacar Somparé, le Président de l'Assemblée nationale, a annoncé à la télévision que Conté était mort à 18h45 heure locale le 22 décembre après une longue maladie, sans préciser la cause de la mort.

Conté avait quitté le pays pour des traitements médicaux à plusieurs reprises dans les années précédant sa mort et les spéculations sur les son état de santé ont longtemps été répandues.

Selon la Constitution, le Président de l'Assemblée nationale devait assumer la présidence de la République en cas de vacance et une nouvelle élection présidentielle devait avoir lieu dans les 60 jours.

Le gouvernement a déclaré 40 jours de deuil national et a appelé les militaires à rester calme.

Moussa Dadis Camara et le Conseil national pour la démocratie et le Développement, (CNDD)

Six heures après que Somparé ait annoncé la mort de Conté, une déclaration avait été lue à la télévision annonçant un coup d'Etat militaire.

Cette déclaration, lue par le capitaine Moussa Dadis Camara, au nom d'un groupe appelé Conseil national pour la démocratie et le Développement, (CNDD), a déclaré que le gouvernement et les institutions de la République ont été dissous.

La déclaration a également annoncé la suspension de la constitution, ainsi que l'activité politique et syndicale.

A sa place, l'armée a dit qu'elle avait mis en place un conseil consultatif composé de dirigeants civils et militaires.

Selon Camara, le coup était nécessaire en raison du "désespoir" de la Guinée, au milieu de la pauvreté endémique et de la corruption.

En outre, Camara avait dit qu'un officier de l'armée deviendrait président, alors qu'un civil serait nommé comme Premier ministre à la tête d'un nouveau gouvernement ethniquement équilibré.

Le CNDD serait, selon Camara, composé 26 officiers ainsi que 6 civils.

Une déclaration a été lu à la radio le 24 décembre 2008, annonçant que le capitaine Camara avait été nommé Président du CNDD et Président de la République.

Plus tard dans la journée, Camara et des milliers de soldats qui lui sont fidèles ont défilé à travers la ville, entouré par un grand nombre de partisans civils.

En outre, le 24 décembre, Camara a déclaré dans une émission de radio que le CNDD ne voulait pas rester au pouvoir indéfiniment et qu'il avait l'intention de diriger le pays pendant deux ans, promettant des élections présidentielles crédibles et transparentes d'ici la fin de décembre 2010.

Cela avait contredit une déclaration antérieure qui avait promis des élections dans un délai de 60 jours.

En parlant à la radio, le 25 décembre, Camara a dit qu'il n'avait pas l'intention de briguer la présidence à la fin de la période transitoire de deux ans. Il a également déclaré que le CNDD n'avait pas été sensible à des pots de vin.

Selon Camara, les gens avaient commencé à se présenter avec des sacs d'argent pour essayer de corrompre le CNDD.

Ils ont essayé de donner de l'argent à nos épouses et des voitures à nos enfants.

Le 25 décembre 2008, le Premier Ministre sous le régime précédent, Ahmed Tidiane Souaré, a promis fidélité à Camara, ainsi consolider davantage la règle de ce dernier.

Le 22 mars 2009, Souaré a été arrêté et détenu dans une prison militaire, ainsi que deux ministres.

Manifestations Politiques du 28 septembre 2009

Au début, lorsque Camara a pris le pouvoir, il avait un certain soutien, le public étant fatigué des 24 ans de règne autoritaire de Lansana Conté.

Camara a promis une transition en douceur du vers la démocratie et une élection présidentielle dans laquelle il ne se représenterait pas.

Il a gagné beaucoup de popularité en sévissant contre les trafiquants de drogue, y compris Ousmane Conté, le fils de l'ancien président, et en leur faisant admettre des actes répréhensibles dans son émission de télévision, le Moussa Dadis Camara Show.

Plus tard, Camara a perdu le soutien en raison de son état de dictature semblable et le comportement abusif de ses forces qui se livraient à la violence.

Il humilia plusieurs ambassadeurs, des politiciens et des dirigeants étrangers en leur disant de se taire pendant des réunions.

Cela a eu un impact négatif sur son image en public, et lui a valu des critiques pour le comportement erratique.

Les opposants avaient décidé d'organiser une manifestation le 28 septembre contre la participation probable de Camara à la prochaine élection présidentielle.

Malgré l'interdiction du gouvernement à manifester, ils ont décidé de poursuivre leur protestation prévue.

Une foule d'environ 50.000 personnes se sont rassemblées au Stade du 28 septembre de Conakry pendant le jour, portant des pancartes où l'on pouvait lire "À bas l'armée au pouvoir" et appelant à la fin du pouvoir de Dadis.

La Garde présidentielle, communément appelé les «Bérets rouges», est venu dans des camions et a jeté des gaz lacrymogènes sur la foule au début, mais plus tard, a ouvert le feu.

Dans l'atmosphère de terreur et de panique, les gens ont commencé à courir, tomber et se faire frapper.

Les manifestants ont fui le stade vers les rues où ils ont été poursuivis et tiré par les soldats.

Après l'incident de tir, des soldats ont été vus en train de violer des femmes, tuer des gens et de piller des magasins.

Les blessés ont été transportés à l'hôpital, où ils ont été visités par des militants des droits de l'homme.

Bien que beaucoup avaient des blessures par balles, certains ont été trouvés sévèrement battu.

Les morts ont été emmenés à la morgue et les soldats montaient la garde à l'extérieur.

Les parents ont été appelés pour ramasser les morts.

Selon les familles, des nombreuses victimes avaient secrètement disparu.

De nombreux témoins ont rapporté avoir vu les soldats de la garde présidentiel charger certains corps dans des camions.

Des images ont montré des dizaines de corps alignés dans la rue qui ont été découverts et des organisations des droits humains les ont utilisés comme preuves pour montrer que le nombre de morts était beaucoup plus élevé que les chiffres du gouvernement.

À la suite des protestations, des centaines de manifestants qui avaient participé ont été arrêtés et emprisonnés sans inculpation.

Sidya Touré, un ancien Premier ministre et maintenant chef de file de l'opposition, a également été blessé dans la fusillade.

Camara, a déclaré dans une interview que les troupes responsables de ces meurtres étaient des éléments incontrôlables de l'armée.

Il a également nié toute responsabilité pour les meurtres, affirmant qu'il n'a pas émis d'ordre et qu'il était dans son bureau.

Camara a également nié avoir connaissance des agressions sexuelles par des soldats.

Il a appelé plus tard pour une enquête de l'ONU sur l'incident, un médiateur africain entre les différents partis politiques guinéens et un gouvernement d'union nationale.

La Communauté économique des Etats d'Afrique de l'Ouest (CEDEAO) a dépêché le Président Blaise Compaoré du Burkina Faso pour agir en tant que médiateur.

La proposition de gouvernement d'unité nationale a été rejetée par l'opposition, la qualifiant d'une tactique pour détourner l'attention du massacre.

Le 7 octobre, Camara a annoncé une commission de 31 membres, dont 7 juges du Ministère de la

Justice, pour enquêter sur les détails de l'incident. Camara a affirmé que ce serait une enquête indépendante.

La France, dans sa déclaration avait d'abord condamné la nature des violences, mais plus tard suspendu ses relations militaires avec la Guinée et avait appelé à une réunion de l'Union européenne (UE).

Les États-Unis avaient exhorté le gouvernement de la junte à tenir sa promesse de tenir des élections libres, équitables, rapides et transparents dans lesquels aucun membre de la junte au pouvoir participera.

L'Union africaine (UA) est préoccupée par la détérioration de la situation politique du pays en indiquant qu'elle imposera des sanctions contre la Guinée si Camara est candidat aux prochaines élections présidentielles.

L'Union européenne (UE) par la bouche de Javier Solana, le chef de la politique étrangère de l'UE, a appelé à la libération immédiate des dirigeants politiques arrêtés et a exhorté le gouvernement à exercer un maximum de retenue et à assurer une transition pacifique et démocratique.

Le 21 octobre, le Conseil de l'UE a annoncé un embargo sur les armes et des sanctions contre certains membres dans la junte.

Human Rights Watch a publié un rapport en décembre 2009 impliquant plusieurs dirigeants du CNDD dans le massacre de septembre en indiquant que les événements peuvent constituer des crimes contre l'humanité.

En réponse à l'incident, la Communauté économique des Etats d'Afrique de l'Ouest (CEDEAO) avait imposé un embargo sur la Guinée.

Tentative d'assassinat sur Moussa Dadis Camara

Le 3 décembre 2009, Camara a été abattu par des hommes sous le commandement de son aide-de-camp, le lieutenant Aboubakar Toumba Diakité.

Le porte-parole du gouvernement, Idrissa Cherif, avait dit qu'il était seulement légèrement blessé, mais des responsables de la junte avaient déclaré que Camara était dans un état grave après avoir été tiré dans la tête.

Le garde du corps et chauffeur de Camara avait été tués dans l'attaque.

Le 4 décembre, Camara avait en effet quitté le pays pour un traitement médical au Maroc, au milieu des réclamations par des fonctionnaires qu'il n'était pas dans un état grave.

Le Vice-président et ministre de la Défense, Sékouba Konaté avait continuer de diriger le pays.

Le 12 janvier 2010, Camara a été envoyé au Burkina Faso.

Après avoir rencontré le 13 et 14 janvier à Ouagadougou Sékouba Konaté et Blaise Compaoré, Président du Burkina Faso, Camara a fait une déclaration de douze principes promettant un retour de la Guinée vers un régime civil dans les six mois.

Il a été convenu que les militaires ne participeraient pas aux prochaines élections et que Camara continuerait sa convalescence en dehors de la Guinée.

Le 21 janvier 2010, la junte militaire a nommé Jean-Marie Doré comme Premier ministre d'un gouvernement de transition de six mois.

Les élections présidentielles de 2010

Les élections présidentielles à deux tours ont eu lieu en Guinée en 2010. Le premier tour a eu lieu le 27 juin 2010 et le second tour le 7 novembre 2010, après une date initiale du 18 juillet et beaucoup d'autres reports.

Alpha Condé a été déclaré vainqueur avec 52,52% des voix au second tour. Il a pris ses fonctions le 21 décembre de 2010.

Il y avait des mois de tension et d'agitation pendant le processus électoral, dans lequel les deux principaux candidats représentaient les deux plus grands groupes ethniques de la Guinée : les Peuls et les Malinkés (Mandingue).

L'élection était la première élection libre tenue en Guinée depuis son indépendance en 1958.

L'élection était initialement prévue pour être tenue le 13 décembre 2009 (avec un second tour, si nécessaire, le 27 décembre 2009).

L'élection a été considérée comme une chance pour changer les décennies de régime autoritaire après l'indépendance, ainsi que pour apporter la stabilité et l'investissement étranger.

Vingt-quatre candidats ont été approuvés pour se présenter aux élections, dont parmi eux, quatre anciens premiers ministres : Cellou Dalein

Diallo, François Lonseny Fall, Lansana Kouyaté et Sidya Touré).

Alpha Condé (RPG)

Sidya Touré (UFR)

Cellou Dalein Diallo (UFDG)

Jean Marc Telliano (RDIG)

François Lounceny Fall (FUDEC)

Elhadj Mamadou Sylla (UDG)

Mamadou Diawara (PTS)

Ibrahima Kassory Fofana (GPT)

Bouna Keita (RGP)

Ibrahima Abe Sylla (NGR)

Boubacar Barry (PNR)

M'bemba Traoré (PDU)

Ousmane Kaba (PLUS)

Abraham Bouré (RGUD)

Ousmane Bah (UPR)

Saran Daraba Kaba (CDP)

Mohamed Soumah Fodé (GECI)

Boubacar Bah (ADPG)

Lansana Kouyaté (PEDN)

Mamadou Baadiko Bah (UFD)

Aboubacar Somparé (PUP)

Papa Koly Kouroumah (RDR)

Alpha Ibrahima Keira (PR)

Joseph Bangoura

Au moins douze candidats mineurs (François Louceny Fall, Ousmane Kaba, Hadja Saran Daraba Kaba, Jean Marc Teliano, El Hadj Bouna Keita, Mamadou Diawara, Ibrahima Kassory Fofana, El Hadj Mamadou Sylla, Alpha Ibrahima Keira, M Bemba Traoré, Joseph Bangoura et

Abraham Bouré) ont exprimé leur soutien à Alpha Condé le favori.

Cependant, Diallo a obtenu le soutien de Touré, arrivé en troisième position.

Comme il avait été prévu par les observateurs, le second tour avait été retardé de juillet à une date ultérieure.

Le second tour a ensuite été fixée au 14 août 2010.

Le 9 août le vote a de nouveau été retardé au 19 septembre.

Le 10 septembre, le président de la Commission électorale nationale indépendante (CENI), Ben Sekou Sylla et un autre fonctionnaire ont été reconnus coupables de falsification lors du premier tour de scrutin.

Les deux ont été condamnés à 1 an de prison et une amende de deux millions de francs guinéens chacun.

Sylla est mort dans un hôpital parisien le 14 septembre après une longue maladie, et les chances de maintien du temps étaient très faibles alors que les tensions avaient augmenté dans le pays.

Les dates du 10 octobre puis du 24 octobre ont été proposées pour le second tour.

Siaka Sangaré, le nouveau chef de la commission électorale, a annoncé le 7 novembre comme la nouvelle date pour le second tour de l'élection après une large consultation avec les différentes parties de la transition.

Les violences

Dans la semaine avant le second tour de scrutin, au moins 24 personnes ont été blessées dans des affrontements lorsque les partisans de Cellou Dalein Diallo et d'Alpha Condé s'étaient affrontés.

Les émeutes ont continué en tuant au moins une personne et en blessant 50 personnes

Plusieurs personnes ont été arrêtées à la suite des affrontements entre les partisans de Diallo et la police.

Les Résultats

Bien que différant sensiblement, les résultats provisoires ont confirmé un second tour entre Cellou Dalein Diallo et Alpha Condé, avec Diallo remportant 43,69% contre 18,25% pour Condé et 13,02% pour Sidya Touré.

Un grand taux de participation a été signalé pour le second tour.

Les premiers résultats (de comptage dans les districts) pour le second tour indiquaient une course serrée, avec des résultats finaux attendus lorsque tous les bulletins de vote auront été portées à Conakry pour le comptage.

La CENI a annoncé des résultats préliminaires dans la soirée du 15 novembre. Alpha Condé est vainqueur avec 52,52% des voix sur un taux de participation 67,87% de.

Plus tôt dans la journée, les deux candidats ont revendiqué la victoire, avec Diallo en disant qu'il n'acceptera pas les résultats provisoires de la CENI.

Après la victoire de Condé, certains membres du groupe ethnique Peul (qui a largement soutenu Diallo) se sont révoltés en barricadant les routes et les maisons, en détruisant les entreprises de certains Malinkés (qui ont soutenu Condé).

Le 18 novembre l'armée a déclaré l'état d'urgence.

Nouhou Thiam, le chef des forces armées a interdit les civils de se rassembler dans les rues, sauf le personnel du militaire.

Il a dit que le décret serait appliqué jusqu'à ce que la Cour suprême déclare les résultats finaux qui devait se produire autour du 24 novembre.

Alpha Condé et le Rassemblement du Peuple Guinéen (RPG)

Le Rassemblement du peuple de Guinée (RPG) est un parti politique guinéen. Le RPG le parti au pouvoir dirigé par le Président Alpha Condé.

Il est principalement composé des Mandingues.

Après le licenciement de Lansana Kouyaté au poste de Premier Ministre et son remplacement par Ahmed Tidiane Souaré le 20 mai 2008, le RPG a dénoncé le licenciement de Kouyaté et, contrairement à d'autres partis de l'opposition, a refusé de participer à une réunion avec Souaré le 28 mai pour discuter de la formation d'un gouvernement d'unité nationale.

Selon le RPG, un changement positif ne viendrait pas tant que le président Lansana Conté est au pouvoir, peu importe le Premier Ministre.

Le parti est affilié à l'Internationale Socialiste (IS), une organisation mondiale des partis sociaux-démocrates, socialistes et travaillistes.

Tentative d'assassinat

Le 19 juillet 2011, la résidence présidentielle a été bombardée, ce qui a entraîné la mort d'un soldat de la garde présidentielle. Alpha Condé a survécu à la tentative d'assassinat.

Plusieurs officiers de l'armée et des soldats de la garde présidentielle avaient été arrêtés quelques heures après les attaques.

Trois jours plus tard, au moins 38 soldats ont été arrêtés pour tentative d'assassinat et beaucoup avaient des liens avec les dirigeants militaires précédents.

Les Nations Unies ont réagi en disant que la Guinée avait besoin des réformes militaires.

Les élections présidentielles de 2015

Le 17 octobre 2015, Alpha Condé a été réélu pour un second mandat avec 57,85% des voix, remportant une majorité absolue au premier tour de scrutin.

L'opposition a affirmé que l'élection a été entachée des fraudes.

Condé a prêté serment pour son second mandat le 14 décembre 2015.

Les élections présidentielles ont eu lieu en Guinée le 11 octobre 2015.

Les sept partis d'opposition ont appelé à un report, invoquant des irrégularités dans la liste électorale, mais leurs demandes ont été rejetées par la Commission électorale nationale indépendante (CENI).

Cellou Dalein Diallo de l'Union des forces démocratiques de Guinée (UFDG) a également demandé à la Cour suprême de Guinée de reporter l'élection, mais elle a été rejetée.

Les élections ont eu lieu en utilisant le système à deux tours, si aucun candidat obtient plus de 50% des voix au premier tour.

Plusieurs candidats ont contesté les élections, dont Diallo, qui a été nommé en tant que candidat de l'UFDG le 25 juillet 2015.

Pendant la campagne, Condé visait à promouvoir le développement et la consolidation de la paix.

Diallo a promis de donner la priorité à l'emploi des jeunes, ainsi que l'accès aux soins de santé, au logement décent, à l'eau, et l'électricité, à la sécurité et la justice.

La violence au cours de la campagne électorale, y compris des affrontements entre partisans de Condé et Diallo à Koundara, avaient conduit à la mort d'au moins trois personnes.

Un couvre-feu a été mis en place à Nzérékoré après qu'une personne ait été tuée et des dizaines de blessés lors d'une visite de Condé le 5 octobre.

Le Secrétaire général des Nations Unies (ONU), Ban Ki-moon, avait appelé au calme.

Les centres de vote étaient ouverts de 7h00 à 18h00, tandis que les frontières nationales ont été fermées pour la journée et la circulation limitée à celle des observateurs électoraux, aux responsables gouvernementaux et aux forces de sécurité, conformément à un décret présidentiel.

Environ 19.000 policiers et membres des services de sécurité étaient en service.

Condé a également déclaré que plus de 90% des cartes d'électeur ont été distribuées.

Il y a aussi eu la mission d'observation de l'Union africaine (UA) et une délégation de l'Union européenne (UE) de 72 membres.

La délégation de l'UE a noté des déficiences massives avant le scrutin ; cependant, dans son rapport post-électoral, il a conclu que le processus a été globalement transparent.

Les résultats

La CENI a annoncé qu'il n'y aurait pas de ruissellement, Diallo et Touré ont allégué la fraude et ont déclaré qu'ils ne reconnaîtraient pas les résultats.

Les résultats définitifs ont été annoncés par la Cour constitutionnelle le 31 octobre 2015, correspondant étroitement aux résultats provisoires de la commission électorale.

Condé a obtenu 57,84% des voix (2,284,827 votes) et Diallo 31,45%.

Condé a donc été réélu pour un second mandat le 21 décembre.

Condé a prêté serment le 14 décembre à 2015.

Les relations étrangères de la Guinée

Les relations extérieures de la Guinée, y compris ceux avec ses voisins ouest-africains, se sont améliorés de façon constante depuis 1985.

La Guinée a rétabli ses relations avec la France et l'Allemagne en 1975 et avec ses pays voisins de la Côte d'Ivoire et du Sénégal en 1978.

La Guinée a joué un rôle actif dans l'intégration et la coopération régionale, en particulier en ce qui concerne l'Organisation de l'unité africaine

(OUA) et la Communauté économique des Etats d'Afrique de l'Ouest (CEDEAO).

La Guinée participe activement aux délibérations et aux décisions d'une variété d'organisations internationales.

La Guinée a participé à la fois aux efforts diplomatiques et militaires pour résoudre les conflits au Libéria, en Sierra Leone et en Guinée-Bissau et a contribué des contingents de troupes aux opérations de maintien de la paix dans les trois pays dans le cadre de l'Economic Community of West African States Cease-fire Monitoring Group (ECOMOG), ou Brigade de surveillance du cessez-le-feu de la CEDEAO, aussi appelé les « Casques Blancs » en référence aux Casques Bleus de l'ONU.

La Guinée a offert l'asile à plus de 700.000 libériens, sierra-léonais et bissau-guinéens depuis 1990, malgré les coûts économiques et environnementaux impliqués.

La Guinée est également membre de la Cour pénale internationale (CPI).

La République populaire de Chine et la République de Guinée ont établi des relations diplomatiques depuis le 14 octobre 1959.

Les relations diplomatiques entre la République de Corée et la Guinée ont été établies le 28 août 2006.

La Guinée est devenue la première colonie française d'Afrique à obtenir l'indépendance le 2 octobre 1958.

Les États-Unis entretiennent des relations étroites avec la Guinée. La politique américaine vise à encourager les réformes démocratiques de la Guinée, sa contribution positive à la stabilité régionale et le développement économique social durable.

Les Forces armées de la Guinée

Les Forces armées guinéennes (FAG) sont les forces armées de la Guinée. Elles sont responsables de la sécurité et la défense du pays contre les menaces à la fois intérieures et extérieures.

Elles sont divisées en quatre (4) branches : l'armée de terres, la marine, l'armée de l'air, les paramilitaires de la gendarmerie nationale et la Garde républicaine (GR)

Il existe aussi la Police Nationale et la Gendarmerie, responsable de la sécurité intérieure.

Après l'indépendance en 1958, la France avait coupée tous ses liens et avait immédiatement commencé à rapatrier les soldats guinéens qui avaient servi dans l'armée française.

Sur les environ 22.000 soldats guinéens en service, environ 10.000 avaient décidé de rester avec la France.

Les autres 12.000 avaient été démobilisés et renvoyés en Guinée.

Les nouvelles forces armées avaient été formées en incorporant certains des anciens soldats français, après un processus de sélection afin de former l'Armée de la Guinée.

À la fin de janvier 1959, la nouvelle armée avait atteint une force de quelque 2.000 officiers et soldats.

L'armée a résisté à l'invasion portugaise de novembre 1970 en Guinée.

Le Général Noumandian Keita, chef d'état-major général, avait été reconnu coupable et remplacé par le Général Namory Kieta.

En mars 1971, les éléments de l'armée ont été déployés à Freetown en Sierra Leone après que le Président Stevens commence à perdre le contrôle sur son armée.

Au début de 1975, l'armée guinéenne est composée d'environ 5.000 hommes.

L'armée se composait de quatre bataillons d'infanterie, d'un bataillon blindé et d'un bataillon du génie.

Au début des années 1970, les forces armées avaient été organisées en quatre zones militaires, correspondant aux quatre régions géographiques (Basse Guinée, Moyenne Guinée, Haute Guinée et Guinée Forestière).

L'un des quatre bataillons d'infanterie a été affecté à chacune des zones militaires.

Les forces armées, bien que formellement responsable de la défense de l'intégrité territoriale du pays, étaient vraiment pendant cette période axée sur les tâches politiques, y compris, les tâches industrielles et de construction agricoles.

Le bataillon du génie avait des entreprises à Conakry, Kankan et Boké et avait été engagé dans la construction et la réparation des logements et des routes.

La Milice

L'augmentation de la méfiance au sein des forces armées régulières a conduit à formation d'une milice du Parti Démocratique de Guinée (PDG) dans le but de promouvoir les comités pour la défense de la révolution.

Ces comités ont été encouragés par les responsables du parti pour signaler les pratiques malhonnêtes comme le vol et le détournement des fonds qui pourraient mettre en danger les acquis de la révolution.

Le bras de la jeunesse du PDG, ont été particulièrement exhortés à signaler les irrégularités et le crime.

Les unités de volontaires, formé en réponse à cet appel, ont assumé des fonctions de police limitées.

Après l'éloge du gouvernement pour les efforts de ces unités, le rôle de la milice s'était élargie, d'autant plus que l'activité sur le marché noir et la contrebande s'étaient aggravées.

La force a été officialisée comme Milice Populaires au début des années 1960, compte tenu des uniformes distinctifs.

Après 1966, elle a été consciemment modelé d'après les gardes rouges chinois.

En 1969, la milice avait officiellement été investi comme équivalent à l'armée et comme un contrepoids pour les coups militaires.

La milice a été réorganisé en plusieurs niveaux, avec un personnel à Conakry, quelques unités de combat, et le reste des éléments permanent servant pour les unités de réserve dans les villages, les sites industriels et les écoles.

Le président Touré a annoncé que l'objectif ultime était d'avoir une unité paramilitaire forte dans les villages du pays.

Les armes soviétiques importés de l'URSS et de la République populaire de Chine devaient être disponibles.

Avec beaucoup d'accent sur la milice, Touré a gardé une grande partie des forces armées dans la pauvreté.

Le corps des officiers supérieurs a vécu sur les maigres rations et a vu ses privilèges et ses allocations familiales réduites au fil du temps.

Les soldats de tous grades ont dû trouver des moyens pour compléter leurs rations et ont souvent été réduits à travailler soit sur des fermes d'Etat ou dans de petits projets agricoles.

Les conflits régionaux

Les conflits régionaux dans les années 1990 et 2000 ont eu des effets importants sur les forces de sécurité.

Le gouvernement Conté était profondément impliqué dans la Première Guerre civile libérienne en soutenant le principal groupement adverse du Président Taylor du Libéria.

Pourtant, de l'autre côté de la frontière, le gouvernement guinéen a également contribué à la force de maintien de la paix au Libéria.

Après ECOMOG le gouvernement guinéen a commencé à soutenir le nouveau mouvement rebelle libérien Libériens unis pour la réconciliation et la démocratie (Liberians United for Reconciliation and Democracy - LURD).

Les attaques des rebelles soutenus par Taylor en 2001 étaient en partie une tentative pour mettre fin à ce soutien.

Le plus grave était la tentative de coup en 1996 qui avait pris naissance comme une mutinerie militaire causée par les mauvaises conditions de vie des militaires.

Conté a dû faire des concessions importantes dans le but de sauver son régime.

Les militaires ont été utilisés plusieurs fois pour réprimer la contestation populaire.

L'armée a aussi subi des troubles graves en 2008.

Parmi les mesures prises par Conté pour tenter de consolider son soutien au sein de l'armée, le transfert du populaire Sékouba Konaté à Conakry pour diriger les parachutistes du Bataillon Autonome des troupes aéroportées (BATA), dans une tentative de calmer les troupes.

Cependant, d'autres mesures ont échoué à empêcher le coup d'état de décembre 2008 dirigée par Moussa Dadis Camara.

En janvier 2009, une ordonnance du CNDD a combiné quatre unités d'élite des forces armées guinéennes : la garde présidentielle, le Bataillon Autonome des Troupes Aéroportées (BATA) et le Bataillon des Commandos de Kindia.

Le 28 septembre 2009, les forces de sécurité guinéennes ont tué plus de 150 personnes et violé plus de 40 femmes pendant et après les manifestations du Stade de Conakry.

Plus de 1.500 personnes ont été blessées et de nombreuses personnes ont disparu ou ont été arrêtées.

Géographie de la Guinée

La Guinée est un pays sur la côte de l'Afrique de l'Ouest et est bordée par la Guinée-Bissau, le Sénégal, le Mali, la Côte-d'Ivoire, le Liberia et la Sierra Leone.

La Guinée est divisée en quatre régions géographiques : la Guinée Maritime ou Basse Guinée ; les hautes terres pastorales du Fouta Djalon ou Moyenne Guinée ; la savane du Nord ou Haute-Guinée ; et une région tropicale sud ou Guinée forestière.

Localisation

La Guinée est en Afrique occidentale, en bordure de l'océan Atlantique Nord, entre la Guinée-Bissau et de la Sierra Leone.

La superficie totale de la Guinée est 245.857 km², comprenant 245.717 km² de terres et 140 km² d'eau.

Les frontières terrestres de la Guinée couvrent un total de 4046 km : avec la Côte-d'Ivoire 816 km, la Guinée-Bissau 421 km, le Liberia 590 km, le Mali 1062 Km, le Sénégal 363 km et la Sierra Leone 794 km.

Climat

La région côtière de la Guinée et la plupart des eaux intérieures ont un climat tropical, avec un type de saison des pluies qui dure d'avril à novembre. Les températures sont relativement élevées et uniformes et les vents du sud-ouest ont une forte humidité.

La température de la capitale Conakry est en moyenne repartie entre 29 ° C et 23 ° C.

Il y a une saison sèche de décembre à mai avec des vents du nord (harmattan).

Les cours d'eau

Le fleuve Niger, le fleuve Gambie et le fleuve Sénégal trouvent leurs origines en Guinée.

Voici une liste des cours d'eau de la Guinée :

Sénégal

Falémé

Bafing

Bakoye

Kokoro

Gambie

Koulountou

Geba

Koliba

Kogon

Kitali

Pongo

Konkouré

Kakrima

Soumba

Soumbouya

Morebaya

Forécaria

Mellacorée

Kolenté

Mongo

Mano

Lofa

Lawa

Nianda

Niger

Sankarani

Wassoulou

Fié

Tinkisso

Bouka

Milo

Niandan

Kouya

Mafou

La forêt mosaïque

La forêt mosaïque guinéenne est un ensemble la savane et des petites forêts tropicales humides.

La forêt mosaïque guinéenne couvre une superficie de 673,600 kilomètres carrés, allant de l'ouest du Sénégal à l'est du Nigeria et notamment des parties de la Gambie, de la Guinée-Bissau, de la Sierra Leone, de Côte d'Ivoire, du Ghana, du Togo, et du Bénin.

La flore et la faune

Cette région est principalement peuplée d'arbres qui poussent le long des cours d'eau mais avec des incendies qui se produisent constamment en retenant la croissance.

Le mélange de forêts et de prairies a donné un habitat pour une gamme d'espèces de grands mammifères tels que le léopard d'Afrique, les éléphants de forêt, les hippopotames et les antilopes, y compris les singes et les lézards.

Les zones humides de la région sont aussi riches en faune.

La faune de la Guinée est très diversifiée en raison de la grande variété d'habitats différents.

La partie sud du pays se trouve dans les forêts guinéennes d'Afrique de l'Ouest, tandis que le nord-est est caractérisé par les savanes boisées sèches.

Malheureusement, le déclin des populations de grands mammifères sont limitées à des régions éloignées inhabitées de parcs et réserves, en raison de la conservation de la nature qui est inappropriée.

Voici une liste de quelques animaux de la Guinée :

Chimpanzé

Buffle

Eléphant

Babouin

Hippopotame

Antilope

Lion

Vipère

Python

Crocodile

Forêt guinéenne de l'Ouest africain

La Forêt guinéenne de l'Ouest africain est un ensemble biogéographique faisant partie de l'éco zone afro tropicale, définit par Conservation International, comme un patrimoine mondial de la biodiversité.

Cet ensemble est formé d'un mélange de plusieurs biomes incluant Forêts tropicales sempervirentes, Forêts tropicales caducifoliées, Forêts tropicales de montagnes, Forêts inondées (Delta du Fleuve Niger), Forêts galeries, Savanes boisées.

C'est une région globalement peu montagneuse, mêmes si on trouve des ensembles montagneux en Guinée.

Les précipitations sont généralement assez abondantes dans la zone traitée.

Cependant il peut y avoir de fortes variations saisonnières : Le centre de l'aire peut subir des sécheresses marquées, alors que l'est du Nigéria, l'ouest du Cameroun et les îles du Golfe de

Guinée ainsi que le Liberia et la Sierra Leone sont particulièrement arrosés toute l'année.

L'écorégion comprend les forêts de plaine s'étendant de l'océan Atlantique à quelques centaines de kilomètres à l'intérieur et de l'ouest de la Côte d'Ivoire à travers le Liberia, le sud-Guinée, la plupart de la Sierra Leone et en Guinée au sud-ouest.

Cet espace de 93 047 km² englobe toutes les zones boisées de l'Afrique de l'Ouest politique, allant de la Sierra Leone et de la Guinée à l'ouest jusqu'à la Rivière Sangha, situé dans l'ouest du Cameroun, à l'est.

Incluant ainsi les pays suivants : Guinée, Sierra Leone, Liberia, Côte d'Ivoire, Ghana, Togo, Bénin, Nigéria, Cameroun, Sao Tomé-et-Principe, ainsi que les îles Bioko et Annobon en Guinée équatoriale.

Le Dahomey Gap, une région de savanes et de forêts sèches du Togo et du Bénin divise ces forêts en deux zones distinctes, les forêts de Haute-guinée et les forêts de Basse-Guinée.

La forêt Haute-guinéenne

La forêt Haute-guinéeenne s'étendent à l'ouest de la Sierra Leone, de la Guinée, en passant par le Libéria, la Côte d'Ivoire, le Ghana et le Togo.

Elle recoupe trois écorégions : la forêt ouest-guinéenne (Guinée, Sierra Leone, Liberia, Côte d'Ivoire), forêt de montagne guinéenne (Guinée, Sierra Leone, Côte d'Ivoire) et la forêt est-guinéenne (Côte d'Ivoire, Ghana, Togo, Benin).

La forêt Basse-guinéenne

La forêt de Basse Guinée s'étend à l'est du Bénin au Nigéria et au Cameroun.

En effet cette zone est extrêmement riche en espèces végétales et animales, mais est également très menacée.

On estime le nombre de plantes vasculaires à 9000 espèces, dont 1800 espèces sont endémiques (soit 20 %).

Le Mont Nimba, le Parc national de Taï en Côte d'Ivoire et le Mont Cameroun possèdent un taux d'endémisme élevé.

Du fait de leur isolation géographique, les îles du Golfe de Guinée comptent 185 espèces endémiques.

Parmi les plantes on trouve de plusieurs espèces aujourd'hui extrêmement importantes : Le Palmier à huile d'Afrique qui est cultivée dans toutes les régions tropicales du monde.

Quant aux espèces suivantes, leur bois compte parmi les plus précieux : l'Ébène d'Afrique (, deux espèces d'Acajou ou encore l'Iroko.

Le sous-sol est très riche : or, fer, bauxite, diamants et autres pierres précieuses entraînent une dégradation importante de l'environnement notamment à cause l'utilisation de mercure pour l'orpaillage, qui est ensuite déversé dans les rivières.

La viande de brousse est l'un des apports les plus importants de protéines dans les zones rurales d'Afrique de l'Ouest (et plus largement de toute l'Afrique).

Il en résulte le braconnage d'espèces menacées (antilopes, primates, etc.).

La pauvreté et le climat de tension ou de guerre poussent les populations à exploiter les zones boisées pour leur survie.

Depuis les années 1960, tous les pays de la zone concernée ont fait des efforts marqués pour créer des territoires protégés à différents degrés.

Cependant le niveau de contrôle et la protection sont aléatoires. En effet de nombreuses personnes habitent à proximité et créent une pression sur l'environnement sachant que le braconnage ou la coupe illégale du bois restent présents même dans les zones protégées.

L'un des plus grands challenges dans cette partie du monde est d'allier les besoins alimentaires et sanitaires d'une population à croissance rapide avec un environnement très perturbé.

Cela sous-entend de permettre aux populations vivant en contact avec les parcs nationaux d'accéder à des travaux rémunérateurs et en accord avec la protection de la nature : écotourisme, agroforesterie, artisanat, etc…

Menaces et conservation

Le paysage a été gravement affectée par l'exploitation minière sur le mont Nimba et la clairance générale pour l'agriculture ainsi que les

Les zones protégées comprennent :

Réserve forestière Kounounkan, Guinée

Réserve du Mont Nimba, Guinée et Côte d'Ivoire

Réserve naturelle de Ziama, Guinée

Les Montagnes

La Guinée est un plateau montagneux densément boisée s'étendant du centre au nord de la Sierra Leone, au Libéria et à l'ouest de la Côte d'Ivoire.

Les hauts plateaux comprennent un certain nombre de montagnes, dont le Fouta Djallon en Guinée centrale, les montagnes de Loma en Sierra Leone, les massifs de Simandou et Kourandou dans le sud de Guinée, la chaîne de Nimba à la frontière de la Guinée avec le Libéria et la Côte d'Ivoire.

En Guinée, ils sont connus sous le nom de Dorsale Guinéenne. Le plus haut sommet de la région est le mont Bintumani en Sierra Leone, 1,945 mètres.

D'autres comprennent Sankan Biriwa (1.850 mètres) en Sierra Leone et le Mont Nimba (1.752 mètres), à la frontière de la Guinée et de la Côte d'Ivoire.

Les hautes terres se situent principalement entre 300 et 500 mètres au-dessus du niveau de la mer.

Les montagnes de la Guinée sont la source de nombreuses rivières de l'Afrique de l'Ouest, y compris le fleuve Niger, le plus long fleuve d'Afrique de l'Ouest, les fleuves Sénégal et Gambie, et les rivières de la Sierra Leone, du

Libéria, de la Guinée Maritime et de l'ouest de la Côte d'Ivoire.

Géologiquement, la composition des sédiments dans les hauts plateaux sont les mêmes que dans la Haute Guinée et comprennent des granites.

Les mangroves guinéennes

Les mangroves guinéennes sont une écorégion côtière de mangroves dans les fleuves et les estuaires près de l'océan.

Les mangroves guinéennes se trouvent : dans les deltas du fleuve Saloum et dans la Casamance au Sénégal; dans le bassin inférieur du fleuve Gambie; une grande partie de la côte de Guinée-Bissau, y compris les rivières Cacheu et Mansoa; à travers la frontière du Nord; et une grande partie de la côte de la Sierra Leone, y compris la rivière Sherbro.

Les mangroves prospèrent sur les entrées côtières plates et les estuaires avec les marées océaniques salées.

Les mangroves ont une composition variée et peuvent atteindre jusqu'à 10 mètres de hauteur.

Les mangroves sont une alimentation importante pour les poissons, les oiseaux et les animaux.

La faune marine comprend les huîtres et les crevettes. Les mammifères trouvés ici incluent le lamantin d'Afrique.

Les oiseaux dans ces habitats humides comprennent par exemple le héron.

Les habitats de mangroves sont menacés parce que les arbres sont coupés pour le bois de chauffe ou pour l'agriculture, y compris la culture du riz.

Ressources naturelles et environnement

Les ressources naturelles du pays comprennent la bauxite, le minerai de fer, les diamants, l'or, l'uranium, l'hydroélectricité, le poisson et le sel.

La Guinée a 12,21% des terres arables et 1000 km² des terres sont irriguées en 2010.

Les questions environnementales actuelles en Guinée comprennent : la déforestation ; insuffisance de l'approvisionnement en eau potable ; la désertification ; la contamination et l'érosion du sol ; la surpêche et la surpopulation dans les régions forestières.

Les pratiques minières pauvres ont conduit à des dommages environnementaux.

Subdivision de la Guinée

La Guinée est divisée en quatre régions naturelles présentant des caractéristiques humaines, climatiques et géographiques distinctes.

La Guinée Maritime qui couvre 18% du pays ;

La Moyenne-Guinée qui couvre 20% du pays ;

La Haute Guinée qui couvre 38% du pays ;

La Guinée Forestière qui couvre 23% du pays.

Régions de la Guinée

La Guinée est divisée en 8 régions administratives qui sont subdivisées en 34 préfectures.

Conakry est la capitale politique de la Guinée et Nzérékoré, situé dans la région de Guinée forestière au Sud, est la deuxième plus grande ville.

La capitale Conakry a une population de 3 667 864 habitants (2016) et Nzérékoré une population de 500 000 habitants (2016).

Boké, Faranah, Kankan, Kindia, Labé et Mamou ont une population de moins de 300 000 habitants.

Préfectures de la Guinée

La Guinée est divisée en 8 régions dont la capitale nationale Conakry se classe comme une zone spéciale.

Après une tentative de décentralisation en 1991, Conakry regroupe à partir de 2008 les cinq communes : Kaloum, le centre-ville ; Dixinn où se trouve l'Université de Conakry et de nombreuses ambassades ; Ratoma, connue pour sa vie nocturne ; Matam ; Matoto, qui héberge l'aéroport.

Les cinq communes forment la région de Conakry, l'une des huit régions de Guinée, et elle est dirigée par un gouverneur.

Les 7 autres régions sont subdivisées en 33 préfectures.

La zone spéciale de Conakry et les 33 préfectures sont présentées ci-dessous :

Région de Conakry

Région de Boké

Boffa

Boké

Fria

Gaoual

Koundara

Région de Faranah

Dabola

Dinguiraye

Faranah

Kissidougou

Région de Kankan

Kankan

Kérouané

Kouroussa

Mandiana

Siguiri

Région de Kindia

Coyah

Dubréka

Forécariah

Télimélé

Région de Labé

Koubia

Lélouma

Mali

Tougué

Région de Mamou

Dalaba

Pita

Région de Nzérékoré

Beyla

Guéckédou

Lola

Macenta

Yomou

Économie de la Guinée

La Guinée est riche en minéraux, possédant environ un quart des réserves mondiales prouvées de bauxite, plus de 2 milliards de tonnes de minerai à haute teneur en fer, des gisements de diamants et d'or et des quantités indéterminées de l'uranium.

La Guinée a également un potentiel considérable pour la croissance dans les secteurs de l'agriculture et de la pêche.

La terre, l'eau, et les conditions climatiques offrent des possibilités pour l'agro-industrie.

Origines

Depuis 1985, le Gouvernement guinéen a adopté des politiques pour revenir sur une activité commerciale privée, promouvoir l'investissement, réduire le rôle de l'État dans l'économie, et améliorer le cadre administratif et judiciaire.

Le gouvernement a éliminé les restrictions sur les entreprises agricoles et le commerce extérieur, de nombreuses entreprises parapubliques liquidées, l'augmentation des dépenses d'éducation la réduction des fonctionnaires de la fonction publique.

Le gouvernement a également fait de grands progrès dans la restructuration des finances publiques.

Le Fonds monétaire international (FMI) et la Banque mondiale (BM) sont fortement impliqués dans le développement de l'économie de la Guinée, de même que de nombreux pays donateurs bilatéraux, y compris les États-Unis.

Les réformes économiques de la Guinée ont eu récemment un succès notable avec l'amélioration du taux de croissance économique à 5%, ainsi que l'augmentation des revenus du gouvernement, tout en limitant les dépenses officielles.

Bien que le fardeau de la dette extérieure de la Guinée reste élevé, le pays est maintenant en règle sur les paiements de la dette extérieure.

Le Produit Intérieur Brut (PIB) par habitant actuel de la Guinée avait diminué de 16% dans les années 1990.

Le gouvernement a révisé le code de l'investissement privé en 1998 pour stimuler l'activité économique dans l'esprit d'une entreprise libre.

Le code ne fait pas de discrimination entre étrangers et nationaux et prévoit le rapatriement des bénéfices.

Les investissements étrangers en dehors de Conakry ont droit à des conditions particulièrement favorables.

Une commission nationale d'investissement a été formé pour examiner toutes les propositions d'investissement.

La Guinée envisage d'inaugurer un système de cour d'arbitrage pour permettre la résolution rapide des litiges commerciaux.

Secteurs économiques

L'exploitation minière

L'exploitation minière de la Bauxite et la production d'alumine fournissent environ 80% des devises étrangères de la Guinée.

Plusieurs entreprises américaines sont actives dans ce secteur. Les diamants et l'or sont également exploités et exportés à grande échelle, en fournissant des devises supplémentaires.

Les accords de concession ont été signés pour l'exploitation future de vastes gisements de minerai en Guinée.

La Guinée possède plus de 25 milliards de tonnes de bauxite, peut-être jusqu'à la moitié des réserves mondiales et plus de 4 milliards de tonnes de minerai à haute teneur en fer, des gisements de diamants, d'or et d'uranium.

Les opérations minières de bauxite et d'alumine conjointes fournissent environ 80% du PIB.

La Compagnie des bauxites de Guinée (CBG), qui exporte environ 14 millions de tonnes de bauxite de haute qualité chaque année, est le principal acteur de l'industrie de la bauxite.

Rio Tinto était le propriétaire majoritaire du projet de minerai de fer de Simandou, le plus grand du pays.

En septembre 2011, la Guinée a adopté un nouveau code minier qui a mis en place une nouvelle commission pour examiner les offres du gouvernement.

Le chômage des jeunes reste un problème important. La Guinée a besoin d'une politique adéquate pour répondre aux préoccupations de la jeunesse.

L'exploitation pétrolière

La Guinée a signé un accord de partage de production avec des entreprise pétrolières américaines en 2006 pour explorer une grande étendue en mer.

Le puits initial, le Sabu-1 avait été programmé en octobre 2011 et avait été prévu pour être foré à une profondeur totale de 3.600 mètres.

Après l'achèvement du forage d'exploration en 2012, le Sabu-1 n'a pas été jugé commercialement viable.

La Guinée est riche en minéraux, possédant un tiers des réserves mondiales de bauxite, plus de 2 milliards de tonnes de minerai de fer de haute qualité, les gisements de diamant et d'or et des quantités importantes d'uranium.

Les recettes provenant de l'extraction de la bauxite avaient chuté de manière significative en 2010 en raison principalement de la situation économique mondiale.

L'Agriculture en Guinée

En Guinée, l'agriculture représente 20% du PIB total et emploie 80% de la population active.

En 1999, les principales cultures vivrières sont le manioc, 812.000 tonnes ; le riz, 750.000 tonnes ; les patates douces, 135.000 tonnes ; les ignames, 89.000 tonnes ; et le maïs, 89.000 tonnes.

L'économie de la Guinée dépend également des cultures de rente telles que la canne à sucre, les agrumes, les bananes, les ananas, les arachides, les noix de palme, le café et les noix de coco.

En 1999, on estime que 429.000 tonnes de bananes plantains, 220.000 tonnes de canne à sucre, 215.000 tonnes d'agrumes, 150.000 tonnes de bananes, 174.000 tonnes d'arachides, 52.000 tonnes de noix de palme et 18.000 tonnes de noix de coco ont été produites.

Café

La production de café en Guinée a fluctué au fil du temps en raison de la contrebande de café illégale qui a touché l'industrie avant que les réformes du pays au début des années 1980.

En 2000, la production de grains de café a été estimé à 21.000 tonnes, contre 14.000 tonnes en moyenne par an de 1979 à 1981.

Les tentatives de fixation de prix ont affecté l'agriculture en Guinée depuis les années 1960 et 1980.

Les français ont réduit leur influence dans les plantations et la suppression du tarif français avait affecté la production des années 1970 à une époque où la sécheresse était répandue.

Au cours des années 1970 et au début des années 1980, la production alimentaire a diminué et les exportations agricoles ont diminué de façon marquée.

En 1984, une année où la sécheresse avait sérieusement affecté la Guinée, 186.000 tonnes de céréales devaient être importés pour empêcher la famine.

Depuis 1985, les politiques de marché libre ont préconisé la décentralisation des plantations appartenant à l'État vers les petits exploitants privés localisés.

En 2013, le pourcentage des enfants âgés de 5 à 14 ans qui travaillent dans le secteur agricole est de 76%.

Les sources énergétiques de la Guinée

Les fossiles, le pétrole et l'hydroélectricité constituent les principales sources énergétiques en Guinée.

Avec 78%, le charbon de bois est la plus grande source de consommation d'énergie primaire en Guinée. Il est produit localement, tandis que la Guinée importe tous les produits pétroliers.

La production d'énergie électrique

La capacité totale installée pour la production d'énergie électrique en Guinée est 226,8 MW : 127,2 MW (54%) à partir de l'énergie hydraulique et 99 MW (46%) des installations thermiques.

La source disponible équivaut à 162,47 MW, avec une indisponibilité de 64,33 MW, ce qui signifie qu'un peu moins de 30% de la capacité installée est indisponible.

Cet écart entre l'offre et la demande empêche la Guinée d'exporter effectivement.

La consommation d'énergie

L'industrie minière est le secteur le plus consommateur d'énergie en Guinée, car elle consomme la majorité des importations d'hydrocarbures.

Le secteur primaire est le deuxième plus grand consommateur d'énergie, avec une part de 31% de la consommation nationale.

D'autres secteurs, comme les transports et l'agriculture utilisent environ 22% de l'énergie disponible.

Télécommunications en Guinée

Les services de télécommunications sont composés de la radio, la télévision, les téléphones mobile et Internet.

Le peuple de Guinée est parmi les plus pauvres d'Afrique et cette réalité se reflète dans le développement de l'environnement et des télécommunications du pays.

La radio est la plus importante source d'information pour le public en Guinée et le seul à atteindre l'ensemble du pays.

Il existe un réseau unique appartenant au gouvernement radio, un nombre croissant de stations de radio privées et une station de télévision du gouvernement.

Le système de téléphonie fixe est insuffisant, avec seulement 18.000 lignes pour 12 millions d'habitants en 2016.

Le système cellulaire mobile se développe rapidement et avait environ 4,8 millions de lignes en 2012.

L'utilisation de l'Internet est très faible, atteignant seulement 5% de la population en 2016.

La Radiotélévision Guinéenne (RTG) exploite également plusieurs stations dans les zones rurales malgré un nombre croissant de médias privés dans le pays.

La programmation de télévision étrangère est disponible via les services par satellite et les abonnements sur câbles.

Le gouvernement maintient un contrôle marginal sur les médias de diffusion et les lois.

Le gouvernement sanctionne les stations et les journalistes qui diffusent des articles critiquant les responsables gouvernementaux et leurs actions pénalisant.

L'indicatif téléphonique de la Guinée est le +224.

La couverture téléphonique reste insuffisante et les grandes entreprises ont tendance à compter sur leurs propres systèmes pour les liens à l'échelle nationale.

Il y a aussi des câbles de communications sous-marines qui atteignent Conakry à partir de 23 pays le long de la côte ouest de l'Afrique et du Portugal et de la France.

Le domaine internet de la Guinée est .gn.

Il y a 200 000 utilisateurs sur internet en 2012.

Il n'y a pas de restrictions gouvernementales sur l'accès à Internet ou crédibles rapports que le gouvernement surveille le courrier électronique ou discussion sur Internet.

La constitution et la loi prévoient la liberté d'expression et de la presse, mais le gouvernement, a cependant, restreint ces libertés.

La diffamation contre le chef de l'Etat, la calomnie et les faux rapports sont soumis à de lourdes amendes.

Statistiques économiques

PIB : 17 milliards de dollars américains en 2016 ;

Taux de croissance réelle : 1% (2016) ;

PIB par habitant : 2,100 dollars américains ;

PIB par secteur : l'agriculture 25%, l'industrie 38,2%, services 36,8% ;

Population en dessous du seuil de pauvreté : 50% en 2016 ;

Industries : la bauxite, l'or, les diamants, le raffinage de l'alumine, l'industrie légère et les industries de transformation des produits agricoles.

Agriculture : le riz, le café, l'ananas, la noix de palme, le manioc, les bananes, les patates douces, les bovins, les moutons, les chèvres et le bois.

Les exportations : la bauxite, l'alumine, l'or, les diamants, le café, le poisson et les produits agricoles.

Les partenaires économiques de la Guinée sont : la Chine, l'Inde, la Corée du Sud, l'Espagne, l'Irlande, l'Ukraine, les États-Unis, les Pays-Bas, la France, le Royaume-Uni, le Japon et l'Allemagne.

Banque centrale de la République de Guinée

La Banque centrale de la République de Guinée (BCRG) est la principale banque du pays.

La banque est située dans la capitale de Conakry et a été créée le 1er mars 1960.

Le franc guinéen

Le franc guinéen (GNF) est la monnaie de la République de Guinée.

Le premier franc guinéen a été introduit en 1959 pour remplacer le franc CFA. Il y avait 1, 5, 10 et 25 pièces en bronze avec des billets de banque de 50, 100, 500, 1000, 5000 et 10000 francs.

Une deuxième série de billets de banque a été publié le 1er mars 1963 sans les 10.000 francs.

Cette série a été imprimée sans marquage par et comprend plus de couleurs et des caractéristiques de sécurité améliorées.

Une nouvelle émission de pièces a été lancée en 1962.

En 1971, le franc a été remplacé par le Syli à un taux de 1 syli = 10 francs.

Le deuxième franc guinéen a été réintroduit comme monnaie en 1985.

Le 11 mai 2015, la Banque centrale de la République de Guinée a émis un billet de banque de 20.000 francs.

Actuellement, la plus petite coupure en circulation est 500 francs noter en raison du faible pouvoir d'achat.

Transport en Guinée

Le chemin de fer de Conakry à Kankan avait cessé de fonctionner au milieu des années 1980 et tous les services aériens intérieurs sont malades.

La plupart des véhicules en Guinée sont vieux et âgés de plus de 20 ans.

Il y a un petit trafic sur les fleuves Niger et Milo. Les chevaux et ânes sont utilisés pour le transport de matériaux de construction.

L'aéroport international de Conakry organise des vols vers d'autres villes en Afrique et en Europe.

La Guinée possède 1.086 km de voies ferrées.

Celui-ci comprend 662 km en service de Kankan à Conakry.

L'Office National des Chemins de Fer de Guinée (ONCFG) a été fondée en juin 1959.

En 2010, le gouvernement a commencé à travailler sur la reconstruction de la ligne Conakry-Kankan.

La ligne de chemin de fer à voie Conakry-Kindia a une longueur de 105 km et a été construite avec l'aide de l'URSS.

L'itinéraire est exploité par la compagnie minière d'état, la Société des bauxites de Kindia (SBK). Le transport inclus la livraison de la bauxite (chaque année 2 millions de tonnes) de Kindia à Conakry port.

La Guinée et le Libéria sont d'accord pour construire une ligne ferroviaire transfrontalière pour le trafic des mines.

Démographie de la Guinée

La Guinée compte 12 millions d'habitants en 2016, contre seulement 3 094 000 en 1950.

En 2016, la proportion des personnes âgées de moins de 25 ans est de 66% et de plus de 65 ans est de 4% ou plus.

Les groupes ethniques

Les Peuls qui vivent principalement dans la région montagneuse du Fouta Djalon et les Malinké (Mandingue) qui vivent dans la savane de la Haute Guinée et dans la forêt, représentent la majorité de la population.

Il existe plusieurs petits groupes ethniques dans la région forestière et dans la zone côtière.

Le taux de croissance de la population est de 2% et l'espérance de vie est de 57 ans pour les hommes et 59 ans pour les femmes.

Peuls 33,9%

Malinkés 31,1%

Soussous 19,1%

Guerzes 6%

Kissis 4,7%

Tomas 2,6%

Autres 2,7%

Urbanisation et exode rural

Les plus grandes villes de la Guinée sont :

Conakry

Nzérékoré

Kindia

Kankan

Guékhédou

Coyah

Boké

Labé

Kissidougou

Langues

La République de Guinée est un pays multilingue, avec plus de 40 langues parlées. La langue officielle est le français, qui a été hérité de la colonisation.

Plusieurs langues autochtones ont reçu le statut de langues nationales : le Peul, le Dioula (Malinké), et le Sousou.

Le français est la langue de l'État et des institutions officielles.

Il est utilisé par 15 à 25% de la population.

Le Peul est principalement parlé en Moyenne Guinée, le Malinké est le plus souvent parlée en Haute Guinée et le Soussou est le plus souvent parlée en Guinée maritime.

Le Guerzé (3,8%), le Kissi (3,5%) et le Toma (1,8%) sont parlées en Guinée Forestière.

Religion

85% des guinéens sont musulmans, 8% chrétiens et 7% pours adhérant aux croyances religieuses autochtones.

Les musulmans guinéens sont généralement sunnites et influencés par le soufisme.

Les groupes chrétiens comprennent les catholiques, les protestants et d'autres groupes évangéliques.

Il y a une petite communauté de bouddhistes et des groupes religieux traditionnels expatriés.

Les musulmans constituent une majorité dans les quatre grandes régions de la Guinée.

Les chrétiens sont plus nombreux à Conakry.

Les croyances religieuses autochtones sont beaucoup plus répandues dans la région forestière.

La Guinée est un État laïque où tous les peuples sont égaux devant la loi, indépendamment des croyances religieuses.

La Constitution prévoit le droit des individus à choisir, changer et pratiquer la religion de leur choix.

Le Secrétariat des affaires religieuses du gouvernement guinéen vise à promouvoir les meilleures relations entre les confessions religieuses et améliorer les tensions interethniques.

Les imams et le personnel administratif de la principale mosquée de la capitale Conakry et les principales mosquées dans les principales villes des quatre régions, sont des employés du gouvernement.

Ces mosquées sont directement sous l'administration du gouvernement.

Le gouvernement observe les fêtes religieuses suivantes comme fêtes nationales : la naissance du prophète Mahomet (Mohammed), le lundi de Pâques, l'Assomption, l'Aïd al-Fitr, la Tabaski et Noël.

L'éducation en Guinée

L'enseignement primaire en Guinée est obligatoire pour les enfants.

En 2016, le taux brut de scolarisation primaire était de 60% et le taux net de scolarisation primaire était de 50%.

L'Université Gamal Abdel Nasser de Conakry ou Université de Conakry, est la plus grande université dans toute la Guinée.

L'Université a été fondée en 1963 en tant que le premier établissement d'enseignement supérieur en Guinée. Il a été construit avec l'assistance technique de l'Union soviétique.

L'Université a changé de nom en Université Gamal Abdel Nasser, ancien président égyptien et leader politique populaire.

L'université dispose de 13 écoles et de plusieurs facultés, y compris la médecine. Il a été établi au cours d'une période de développement économique progressive après l'indépendance.

L'Université Julius Nyerere de Kankan (UJNK), également connu sous le nom de l'Université de Kankan est une université guinéenne. Elle porte le nom de Julius Nyerere, le premier président de la Tanzanie.

Fondé en 1964 sous l'appellation École normale secondaire, cet établissement a été renommé Université Julius Nyerere de Kankan en 1989.

Il s'agit de la deuxième plus grande institution universitaire de Guinée.

Santé

La Guinée a fait face à un certain nombre de problèmes de santé.

La Guinée a réorganisé son système de santé depuis l'Initiative de Bamako de 1987 et a officiellement promu des méthodes visant à accroître l'accessibilité des médicaments et des services de soins à la population.

La nouvelle stratégie a considérablement augmenté l'accessibilité grâce à des soins de santé à base communautaire, ce qui a entraîné la fourniture plus efficace et équitable des services.

Une stratégie globale a été étendue à tous les domaines des soins de santé, avec une amélioration ultérieure des indicateurs de santé et l'amélioration du coût des soins de santé.

Les recherches ethnographiques menées dans les zones rurales et urbaines de la République de Guinée ont exploré les distinctions entre les pratiques de santé modernes et traditionnelles.

En juin 2011, le gouvernement guinéen avait annoncé la création d'un fond pour soutenir l'accès élargi au traitement du VIH / SIDA, de la tuberculose et du paludisme.

L'Hôpital Donka de Conakry, construit en 1959 juste avant l'indépendance est le plus grand du pays. Donka est un hôpital universitaire et est situé au nord-est de la Grande Mosquée de Conakry sur la route principale du célèbre Camp Mamadou Boiro. L'Union soviétique a contribué à sa construction.

L'hôpital Donka offre une formation pour la prévention du VIH / SIDA, financé par la Banque mondiale et d'autres partenaires.

L'épidémie du virus Ebola de 2013

Le virus Ebola a été l'épidémie la plus répandue dans l'histoire de la Guinée.

La maladie a causé la mort de plusieurs personnes et des perturbations sociales.

L'épidémie a débuté en Guinée en décembre 2013 et s'est ensuite propagée au Libéria et en Sierra Leone.

Des cas isolés ont conduit à l'infection de plusieurs travailleurs médicaux.

Le 8 mai 2016, l'Organisation mondiale de la santé (OMS) et les gouvernements respectifs ont signalé un total de 28 657 cas suspects et 11 325 décès.

C'est le 29 mars 2016 que le Directeur général de l'OMS a mis fin à l'urgence de l'épidémie d'Ebola.

Bien que l'épidémie fût sous contrôle, des poussées de la maladie ont continuer pendant un certain temps.

Emile Ouamouno, un jeune garçon qui est mort en décembre 2013 dans le village de Meliandou, (Préfecture de Guéckédou), a été le premier cas de l'épidémie.

Les chercheurs ont longtemps cru que les chauves-souris s'étaient impliquées dans la propagation du virus parce que le petit garçon vivait dans le voisinage d'une grande colonie de chauves-souris.

Cependant, le virus Ebola n'avait pas été trouvé dans les chauves-souris qui avaient été capturés et testés.

Bien que le virus Ebola représente un problème majeur pour la santé publique en Afrique sub-saharienne, aucun cas n'avait jamais été signalé en Afrique de l'Ouest.

En effet, les premiers cas ont été diagnostiqués comme les autres maladies plus courantes dans la région. Ainsi, la maladie a eu plusieurs mois pour se répandre librement dans le silence.

VIH / SIDA en Guinée

Le VIH se propage rapidement en Guinée. Le nombre total d'adultes et d'enfants vivant avec le VIH en 2015 est de 150.000 contre environ 100.000 en 2001, ce qui indique une augmentation chez les adultes au cours de la période de deux ans.

La prévalence du VIH varie selon la région et les enquêtes de surveillance menées auprès des femmes 2015 montrent plus de taux élevés de VIH dans les zones urbaines que dans les zones rurales.

La prévalence la plus élevée était à Conakry et dans les villes de la Guinée forestière.

Le VIH se transmet principalement par le biais des rapports sexuels avec plusieurs partenaires. Les hommes et les femmes sont à risque à peu près égales pour le VIH, avec des jeunes âgés de 15 à 24 ans qui sont les plus vulnérables.

Les chiffres de surveillance montrent des taux élevés chez les travailleurs du sexe (50%), les militaires (7%) et les chauffeurs de taxi (8%). L'engagement politique à lutter contre le VIH / SIDA a été renforcé.

Le Programme national de lutte contre le SIDA a été réorganisé en 2002, en partie pour répondre aux exigences d'un prêt de 20 millions de dollars de la Banque mondiale.

La Commission nationale sur le sida dirige les activités générales, tandis que le Programme national gère les activités cliniques en fournissant des conseils, des soins et un soutien aux personnes vivant avec le VIH / SIDA).

La Malnutrition

La malnutrition est un problème sérieux pour la Guinée. Plusieurs études ont déjà rapporté des taux de malnutrition chronique élevés avec des niveaux allant de 34% à 40% par région, ainsi que des taux aigus supérieurs à 10% dans les zones minières de la Haute Guinée.

L'enquête a montré que 139 200 enfants souffrent de la malnutrition aiguë, 609 696 de la malnutrition chronique et 1 592 892 souffrent d'anémie.

La dégradation des pratiques de soins, l'accès limité aux services médicaux et les pratiques d'hygiène inadéquates justifient ces niveaux.

Le Paludisme

Le paludisme est très répandu en Guinée et il est l'une des principales causes de handicap.

Patrimoine culturel

La Guinée ratifie la Convention pour la protection du patrimoine culturel et naturel mondial le 18 mars 1979. Le premier site protégé est inscrit en 1981.

La réserve naturelle intégrale du Mont Nimba est située sur le Mont Nimba qui domine les savanes environnantes.

Le Mont Nimba

Le mont Nimba est une montagne s'élevant à 1 752 mètres d'altitude entre l'ouest et le nord. Il est riche en minerai de fer.

Dominant les savanes environnantes, le mont Nimba est une zone de grande richesse écologique.

La réserve naturelle intégrale du Mont Nimba est classée depuis 1981 comme une réserve du patrimoine mondial de l'UNESCO.

Cuisine guinéenne

La cuisine guinéenne est une cuisine d'Afrique de l'Ouest qui s'appuie sur les céréales traditionnellement et les tubercules comme le manioc, l'igname, le taro, le maïs et le riz.

Le riz est un aliment de base avec des préparations et des ingrédients différents selon la région.

Dans les zones rurales, la nourriture est servie dans un grand plat de famille et mangé à la main.

La cuisine guinéenne a atteint une certaine popularité à l'étranger et il y a des restaurants guinéens à New York aux États-Unis et à Paris en France.

Musique de Guinée

La Guinée est un pays très riche en musique traditionnels.

Parmi les musiciens guinéens les plus connus, on peut citer Mory Kanté qui a obtenu un grand succès international en Afrique et en Europe grâce à Yeke Yeke, un single sorti en 1988.

Après l'indépendance de la Guinée en 1958, le gouvernement avait formé l'Orchestre Nationale qui mettait en vedette certains des meilleurs musiciens du pays.

"Liberté" a été l'hymne national de la Guinée depuis l'indépendance en 1958 et a été fondé par Fodéba Keïta.

La musique Mandingue est dominé par les griots qui chantent des louanges aux chefs.

Traditionnellement, les instruments populaires incluent le ngoni, un parent éloigné du balafon.

La Kora, est également très populaire comme au Mali.

Notes et Références

La République de Guinée est un pays sur la côte ouest de l'Afrique. Anciennement connu sous le nom de Guinée française, le pays moderne est parfois désigné comme... (page 17)

Peu après son règne, l'Empire du Mali a commencé à se décliner et a finalement été supplanté par ses Etats vassaux pendant le 15e siècle. (page 20)

Dans le même temps, le gouvernement guinéen a nationalisé les terres, enlevé les chefs français et nommé des traditionnels, et a rompu ses relations avec le gouvernement français et les sociétés françaises. (page 25)

La Guinée a un potentiel considérable pour la croissance dans les secteurs agricoles et la pêche. Le sol, l'eau et les conditions climatiques offrent des possibilités de grande échelle pour l'agriculture. (page 41)

Le chômage des jeunes reste un problème important. (page 48)

Le paludisme est très répandu et est l'une des principales causes du handicap en Guinée. (page 56)

Son fils Soumaoro Kanté qui lui succède vers 1200, conquiert les petits royaumes voisins et fait régner la terreur. (page 61)

Le commerce atlantique a apporté de nouvelles cultures en Afrique et aussi des devises plus efficaces qui ont été adoptées par les marchands africains. (page 68)

Les Peuls pratiquent une forme d'agriculture naturelle qui peut être reconnue aujourd'hui comme l'agriculture bio intensive. Les principales cultures de rente de la région sont la banane et d'autres fruits. (page 78)

Chaque famille possède des objets de pouvoir qui exigent des sacrifices. Les familles conservent également des armes anciennes et des vêtements de guerre qui possèdent des pouvoirs surnaturels. (page 86)

Plus de 99% des Soussous sont musulmans et l'islam domine leur culture et les pratiques religieuses. La plupart des fêtes islamiques sont observés, le plus important étant la célébration qui suit le Ramadan. (page 92)

Parmi les Peuls nomades, les femmes dans leur temps libre font de l'artisanat, y compris des calebasses gravées, les tissages, des couvertures admirablement faits et des paniers. (page 100)

Les Peuls sont aussi influencés par les autres instruments de la région comme la kora et le balafon. (page 108)

Les preuves de la migration Peul dans son ensemble, de l'Ouest à l'Est est très fragmentaire. (page 115)

La campagne de Samori a balayé ses voisins et la région du Wassoulou, la frontière entre la Guinée et le Mali d'aujourd'hui. (page 122)

Les Mandingues ont une riche histoire orale qui se transmet par les griots. Ce passage vers le bas de l'histoire orale à travers la musique a fait de la musique un des traits les plus distinctifs du Mandingue. (page 130)

Samory Touré ou Almamy Samory Touré (1830 - juin 1900), tombé à Guélémou, actuelle Côte d'Ivoire, et décédé le 2 juin 1900 à Ndjolé, actuel Gabon, était un leader musulman guinéen et le fondateur et dirigeant de l'Empire Wassoulou. (page 137)

L'Empire Kaabu, qui a commencé comme un avant-poste de l'Empire du Mali dans ce qui est maintenant la Guinée-Bissau, avait imposé la loi Mandingue par force militaire et la domination économique sur une grande partie de la Haute-Guinée. (page 145)

Les français ont ensuite installé un poste à Timbo. Ils ont reconnu l'indépendance d'Alfa Yaya, un chef qui les avait pris en charge et nommé Umaru Bademba comme Almani. (page 153)

Ibrahim Sori Mawdo avait été choisi car Alfa Sadibou, le fils de Karamoko Alfa était trop jeune. (page 161)

L'Afrique Occidentale Française (AOF) était une fédération de huit territoires coloniaux français en Afrique de l'Ouest : la Mauritanie, le Sénégal, le Soudan (actuel Mali), la Guinée Française, la Côte-d'Ivoire, la Haute-Volta (aujourd'hui Burkina Faso), le Dahomey (maintenant Bénin) et le Niger. (page 170)

Chaque colonie de l'Afrique Occidentale Française (AOF) a été administré par un lieutenant-gouverneur, responsable devant le gouverneur général. (page 178)

Avec une superficie de 4,689,000 kilomètres carrés, la fédération comptait plus de 10 millions d'habitants à sa création et quelque 25 millions lors de sa dissolution. (page 186)

Au cours des trois premières décennies de l'indépendance, la Guinée a développé un Etat socialiste qui a fusionné les fonctions du Parti démocratique de Guinée (PDG) avec les différentes institutions du gouvernement. (page 198)

La Guinée sous Lansana Conté était alors le deuxième pays le plus corrompu au monde. (page 206)

Les opposants avaient décidé d'organiser une manifestation le 28 septembre contre la participation probable de Camara à la prochaine élection présidentielle. (page 213)

Bien que différant sensiblement, les résultats provisoires ont confirmé un second tour entre Cellou Dalein Diallo et Alpha Condé, avec Diallo remportant 43,69% contre 18,25% pour Condé et 13,02% pour Sidya Touré. (page 227)

La forêt mosaïque guinéenne couvre une superficie de 673,600 kilomètres carrés, allant de l'ouest du Sénégal à l'est du Nigeria et notamment des parties de la Gambie, de la Guinée-Bissau, de la Sierra Leone, de Côte d'Ivoire, du Ghana, du Togo, et du Bénin. (page 249)

Les ressources naturelles du pays comprennent la bauxite, le minerai de fer, les diamants, l'or, l'uranium, l'hydroélectricité, le poisson et le sel. (page 261)

Le gouvernement a également fait de grands progrès dans la restructuration des finances publiques. Le Fonds monétaire international (FMI) et la Banque mondiale (BM) sont fortement impliqués dans le développement de l'économie. (page 266)

La Guinée a signé un accord de partage de production avec des entreprise pétrolières américaines en 2006 pour explorer une grande étendue en mer. (page 270)

En 2013, le pourcentage des enfants âgés de 5 à 14 ans qui travaillent dans le secteur agricole est de 76%. (page 273)

La constitution et la loi prévoient la liberté d'expression et de la presse, mais le gouvernement, a cependant, restreint ces libertés.

La diffamation contre le chef de l'Etat, la calomnie et les faux rapports sont soumis à de lourdes amendes. (page 278)

Le chemin de fer de Conakry à Kankan avait cessé de fonctionner au milieu des années 1980 et tous les services aériens intérieurs sont malades. (page 281)

Le taux de croissance de la population est de 2% et l'espérance de vie est de 57 ans pour les hommes et 59 ans pour les femmes. (page 283)

85% des guinéens sont musulmans, 8% chrétiens et 7% pours adhérant aux croyances religieuses autochtones. (page 286)

En juin 2011, le gouvernement guinéen avait annoncé la création d'un fond pour soutenir l'accès élargi au traitement du VIH / SIDA, de la tuberculose et du paludisme. (page 291)

La malnutrition est un problème sérieux pour la Guinée. Plusieurs études ont déjà rapporté des taux de malnutrition chronique élevés avec des niveaux allant de 34% à 40% par région, ainsi que des taux aigus supérieurs à 10% dans les zones minières de la Haute Guinée. (page 295)

La cuisine guinéenne est une cuisine d'Afrique de l'Ouest qui s'appuie sur les céréales traditionnellement et les tubercules comme le manioc, l'igname, le taro, le maïs et le riz. (page 297)

"Liberté" a été l'hymne national de la Guinée depuis l'indépendance en 1958 et a été fondé par Fodéba Keïta. (page 298)

www.ingramcontent.com/pod-product-compliance
Lightning Source LLC
Chambersburg PA
CBHW050128170426
43197CB00011B/1759